AF391000

MÉTHODE B. WILHEM.

MANUEL
DE LECTURE MUSICALE

ET

DE CHANT ÉLÉMENTAIRE

LA MÉTHODE B. WILHEM

EST DIVISÉE EN DEUX COURS :

LE PREMIER COURS, *Instruction primaire élémentaire* (tableaux 1 à 42), conduit à la bonne exécution des chants sacrés, et des chants d'ensemble écrits dans les divers styles de musique, comme le sont ceux du *Répertoire de musique vocale* (sans accompagnement instrumental) connu sous le titre d'ORPHÉON. — Ce premier Cours est accompagné d'une INSTRUCTION SPÉCIALE sur l'emploi du *Manuel musical*, soit pour l'enseignement mutuel et d'après le *Guide* de la méthode en grands tableaux, soit pour l'enseignement *collectif et simultané* quand tous les élèves sont assis par rangées, de plain-pied ou sur des gradins.

Le DEUXIÈME COURS, *Instruction primaire supérieure* (tableaux 43 à 73), est un cours de perfectionnement pour chacune des études du premier Cours dont il est la suite immédiate et le complément naturel.

Imprimerie de H. Fournier et Cᵉ, rue de Seine, 14.

MÉTHODE B. WILHEM.

MANUEL MUSICAL

A L'USAGE

des Colléges, des Institutions, des Écoles, et des Cours de chant,

COMPRENANT,

POUR TOUS LES MODES D'ENSEIGNEMENT,

LE TEXTE, ET LA MUSIQUE EN PARTITION

DES TABLEAUX DE LA MÉTHODE

DE LECTURE MUSICALE ET DE CHANT ÉLÉMENTAIRE :

PAR M. B. WILHEM,

Directeur-inspecteur-général
de l'enseignement du chant dans les écoles primaires de la Ville de Paris.
Délégué général
pour l'inspection de l'enseignement universitaire du chant.

OUVRAGE APPROUVÉ PAR L'INSTITUT DE FRANCE
APPROUVÉ ET RECOMMANDÉ PAR LE CONSEIL ROYAL DE L'INSTRUCTION PUBLIQUE,
ET ENVOYÉ A TOUTES LES ÉCOLES NORMALES PRIMAIRES ;
CHOISI PAR LE COMITÉ CENTRAL D'INSTRUCTION PRIMAIRE DE LA VILLE DE PARIS ;
ADOPTÉ PAR LA SOCIÉTÉ POUR L'INSTRUCTION ÉLÉMENTAIRE.

Second Cours.

Deuxième Édition.

PARIS

PERROTIN, ÉDITEUR, RUE DES PETITS—AUGUSTINS, 45 bis
L. HACHETTE, LIBRAIRE DE L'UNIVERSITÉ
RUE PIERRE-SARRAZIN , 12
LIBRAIRIE PLACE DE LA BOURSE , 1

1839

MANUEL

DE

LECTURE MUSICALE

ET DE CHANT.

DEUXIÈME COURS.

ENSEIGNEMENT PRIMAIRE SUPÉRIEUR.

3ᵉ — VIIIᵉ CLASSE,

OU

3ᵉ SECTION DE LA VIIIᵉ CLASSE DE LA MÉTHODE.

Avis. Le passage qui s'opère ici, de la fin du 1ᵉʳ Cours (Tableau 42) au commencement du 2ᵉ (Tableau 43) n'amène aucune espèce de changement dans la direction générale de la Méthode. Tous les procédés de l'enseignement restent absolument les mêmes; ce ne sont que des tableaux de plus à mettre à l'étude, pour les élèves qui montent ainsi de la 2ᵉ—VIIIᵉ à la 3ᵉ—VIIIᵉ, comme, dans le 1ᵉʳ Cours, ils sont montés de la 1ʳᵉ—VIIIᵉ à la 2ᵉ—VIIIᵉ, en passant du Tableau 22 au Tableau 23.— *N. B.* Pour le professeur, les *Remarques* qui forment le COMPLÉMENT du GUIDE DE LA MÉTHODE sont à consulter ici ainsi qu'on a dû le faire à l'occasion des Tableaux du 1ᵉʳ Cours.

Cette 3ᵉ section de la VIIIᵉ Classe est partagée en division des *secondes*, des *tierces*, des *quartes*, etc., dans lesquelles on fait une troisième et dernière étude spéciale de chaque intervalle.

*— Les tableaux du 2ᵉ Cours, que vous commencez aujourd'hui, forment la 3ᵉ—VIIIᵉ ou 3ᵉ section de la VIIIᵉ classe de la Méthode; c'est un Cours complémentaire et de perfectionnement pour chacune des études qui ont été faites dans le 1ᵉʳ Cours.

*— En étudiant les tableaux de ce 2ᵉ Cours, et en continuant les chants de l'*Orphéon*, vous serez conduits à la lecture correcte et rapide de toutes les difficultés de l'*intonation* et de la *mesure*.

Tableau 43 (2ᵉ Cours, Nᵒ 1).   1

TABLEAU 43.

§ 1.

TROISIÈME ANALYSE DE LA SECONDE.

(1° Faire relire le § 1 du Tableau 23—*B* (1ᵉʳ Cours, page 93) qui est relatif aux variétés de l'intervalle de seconde. — 2° Faire étudier l'exercice ci-dessous.)

*— Faites les signes manuels en nommant et en qualifiant chaque seconde de l'exercice ci-dessous.

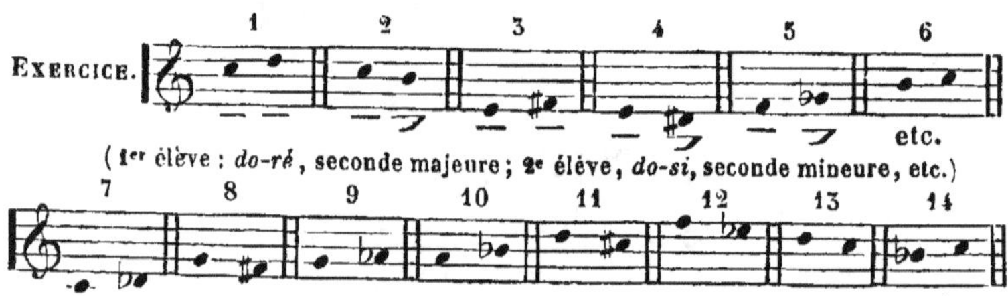

EXERCICE.

(1ᵉʳ élève : *do-ré*, seconde majeure ; 2ᵉ élève, *do-si*, seconde mineure, etc.)

OBSERVATION GÉNÉRALE POUR TOUS LES INTERVALLES.

1. Un intervalle quelconque ne change pas d'espèce (*majeure, mineure* ou *augmentée)* si les deux notes qui le forment sont baissées ou élevées à la fois : telles sont les secondes majeures *ut-ré*, ou *ut ♭-ré ♭*, ou *ut ♯-ré ♯*; les tierces majeures *ut-mi, ut♭-mi ♭, ut ♯-mi ♯*, etc.

1° POUR LA TRANSPOSITION DES CLEFS : continuer les exercices décrits dans le 1ᵉʳ Cours, page 207.—2° POUR L'ANALYSE DE LA SECONDE, sur l'*Indicateur-Vocal :* Placer la première *note blanche* à une position quelconque dont on fera poser la seconde, majeure ou mineure, avec l'autre *note blanche.* — Sur la main, faire toucher la seconde majeure ou mineure d'une note quelconque.

---

§ 2.

TROISIÈME ÉTUDE DE L'INTERVALLE DE SECONDE.

PARTIE D'ACCOMPAGNEMENT.

Nº 1. — AIR DE DOMNICH, dialogué et varié à quatre parties.

Avec les Tableaux 45, Nº 8 (tierces), 47, Nº 5 (quartes), et 51, Nº 6 (quintes).

Mouvement modéré.

Partition, page 32. (Tabl. 51.)

(réplique.)

Tableau 43 (2ᵉ Cours, Nº 1).

N° 2. — SOLFÉGE DIALOGUÉ à trois parties.

Avec les Tableaux 44, N° 4 (tierces), et 47, N° 6 (quartes).

FIN DE LA DIVISION DES SECONDES.

Tableau 45 (2e Cours, N° 1).

TABLEAU 44.

§ 1.

TROISIÈME ANALYSE DE LA TIERCE.

(1° Faire relire le § 1 du Tableau 28 (1ᵉʳ Cours , page 105) qui est relatif aux variétés de l'intervalle de Tierce ; 2° faire étudier l'exercice ci-dessous.)

* — Qualifiez les tierces de l'exercice ci-dessous.

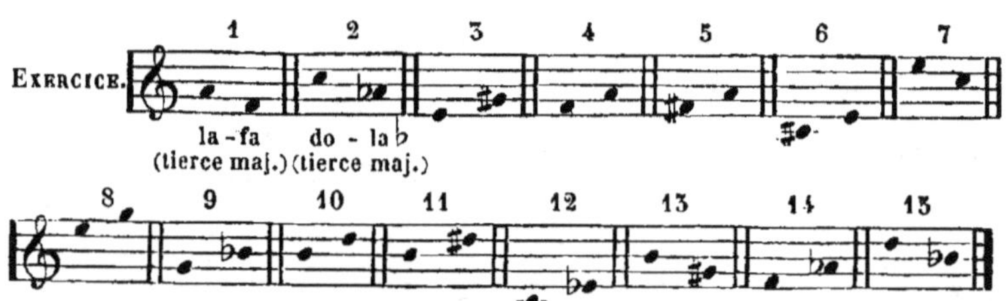

1° Chaque portion de l'exercice sera lue par un élève différent.

N. B. Quand l'une des deux notes de la tierce sera altérée , rappeler, en cas d'hésitation , ce que serait cette tierce en notes naturelles, et en faire conclure ce qu'elle est devenue par l'effet du ♯ ou du ♭.

2° Pour l'ANALYSE de la *Tierce.* Sur l'INDICATEUR, placer la première *note blanche* à une position quelconque dont on fera poser la *tierce* (majeure ou mineure) avec l'autre *note blanche.*

3° Sur la *main*, le moniteur fait toucher la tierce majeure ou mineure du doigt qu'il touche.

4° Pour la COMPOSITION DES GAMMES sur l'*Indicateur*, on suivra les procédés décrits dans le 1ᵉʳ Cours, page 207.

---

§ 2.

TROISIÈME ÉTUDE DE L'INTERVALLE DE TIERCE.

Nᵒ 1. — SOLFÉGE DIALOGUÉ à trois parties.

Avec les Tableaux 43, Nᵒ 2 (secondes), et 47, Nᵒ 6 (quartes).

Tableau 44 (2ᵉ Cours , Nᵒ 2).

N° 2.—SOLFÉGE à deux parties A et B.

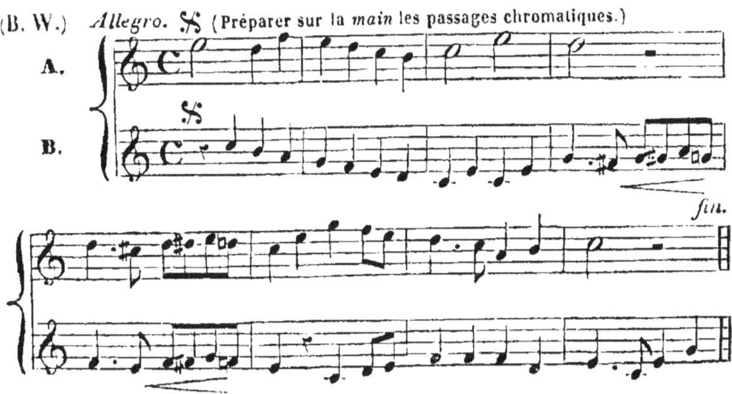

Tableau 44 (2e Cours, N° 2).

Nº 3.— SOLFÉGE à deux parties A et B.

Tableau **44** (2ᵉ Cours, Nº 2.)

N° 4.—**CANON DE SABBATINI**, à deux parties A et B.

Tableau 44 (2ᵉ Cours, N° 2).

TABLEAU 45.

SUITE DE LA TROISIÈME ÉTUDE DE L'INTERVALLE DE TIERCE.

Nº 5. — AIR EN CHOEUR à deux parties.

Avec le Tableau 53, Nº 6 (sixtes).

M. Morel de Vindé.

Nº 6. — AIR EN CHOEUR à trois parties.

Avec les Tableaux 46, Nº 1 (quartes), et 50, Nº 5 (quintes).

Tableau 45 (2ᵉ Cours, Nº 3).

M. Morel de Vindé.

N° 7. — AIR EN CHOEUR à trois parties.

1re Partie, Tableau 53, N° 5 (sixtes) ; 2e Partie, Tableau 68, N° 5 (octaves).

(B. W.) (2e Partie.)

Partition, page 117.

Tableau 45 (2e Cours, N° 3).

FRANÇOIS DE NEUFCHATEAU.

Nº 8 — AIR DE DOMNICH dialogué et varié à quatre parties.

Avec les Tableaux 43, Nº 1 (secondes), 47, Nº 3 (quartes), et 51, Nº 6 (quintes).

Moderato.

(16 mesures à compter.)

Partition,
page 32.
(Tabl. 51.)

FIN DE LA DIVISION DES TIERCES.

Tableau 45 (2ᵉ Cours, Nº 3).

M. MOREL DE VINDÉ.

N° 7. — AIR EN CHOEUR à trois parties.

1re Partie, Tableau 53, N° 5 (sixtes) ; 2e Partie, Tableau 68, N° 5 (octaves).

Partition, page 117.

Tableau 45 (2e Cours, N° 3).

FRANÇOIS DE NEUFCHATEAU.

N° 8 — AIR DE DOMNICH dialogué et varié à quatre parties.

Avec les Tableaux 43, N° 1 (secondes), 47, N° 3 (quartes), et 51, N° 6 (quintes).

Moderato.

FIN DE LA DIVISION DES TIERCES.

Tableau 45 (2ᵉ Cours, N° 3).

TABLEAU 46.

§ 1.

TROISIÈME ANALYSE DE LA QUARTE.

(1º Faire relire le § 1 du Tableau 30 (page 112, 1er Cours) qui est relatif aux variétés de l'intervalle de quarte. — 2º Faire étudier l'exercice ci-dessous.)

* — Qualifiez les quartes de l'exercice suivant.

En cas d'hésitation, quand les notes sont altérées, rappeler ce que serait la *quarte* écrite en notes naturelles, et en conclure ce qu'elle devient par l'effet du ♯ ou du ♭.

1º POUR L'ANALYSE DE LA QUARTE : sur l'*Indicateur*, placer la première *note blanche* à une position quelconque dont on fera poser la *quarte* (juste ou augmentée) avec l'autre *note blanche*. — 2º Sur la *main*, faire toucher la *quarte* juste ou augmentée d'un doigt quelconque.

POUR LA COMPOSITION DES GAMMES sur l'*Indicateur*, on suivra les procédés décrits dans le 1er Cours (page 207.)

---

§ 2.

TROISIÈME ÉTUDE DE L'INTERVALLE DE QUARTE.

Nº 1. — MARCHE EN CHOEUR à 3 parties.

2e Partie, Tableau 45, Nº 6 (tierces); 3e Partie, Tableau 50, Nº 5 (quintes).

(B. W.) *Allegro.* 1re Partie.

Partition,
page 28.
(Tabl. 51.)

Tableau 46 (2e Cours, Nº 4).

Tableau **46** (2e Cours, N° 4).

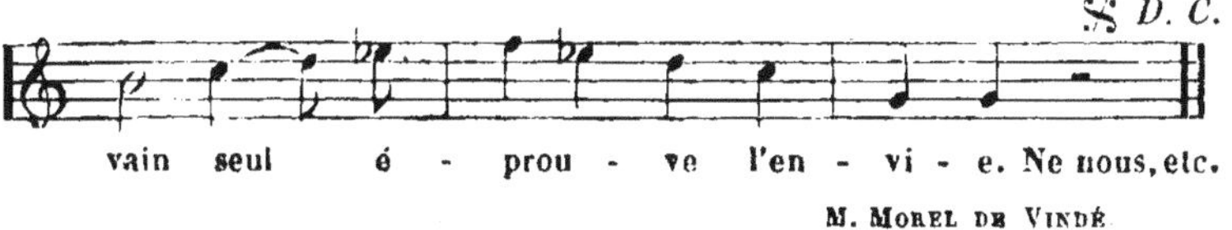

N° 2. — CANON à trois parties A, B, C.

N° 3. — MARCHE EN ÉCHO, à deux parties A et B.

N. B. Le début de cet *écho* doit être indiqué aux moniteurs pour trouver l'*ut*, à partir du *la* du diapason en acier.

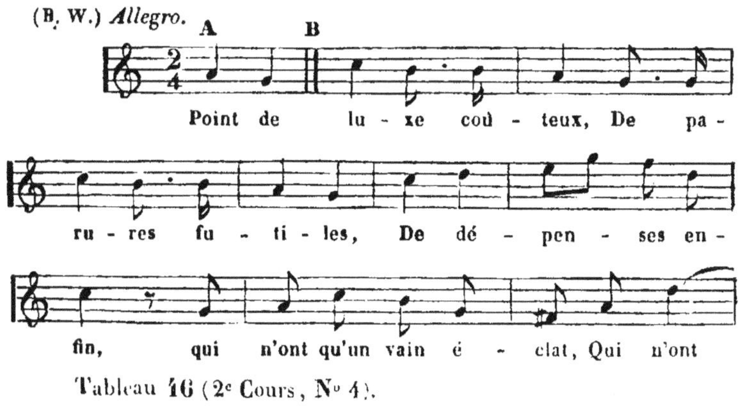

Tableau 16 (2e Cours, N° 4).

M. MOREL DE VINDÉ.

No 4. — AIR DE B. POLLET,

disposé en solfége à trois parties.

Première Partie, Tableau 49, No 3 (quintes) ; troisième Partie, Tableau 53, No 7 (sixtes).

Tableau 46 (2e Cours. No 4).

TABLEAU 47.

SUITE DE LA TROISIÈME ÉTUDE DE L'INTERVALLE DE QUARTE.

N° 5. — AIR DE DOMNICH, dialogué et varié à quatre parties.

Avec les Tableaux 43, N° 4 (secondes), 45, N° 8 (tierces), et 51, N° 6 (quintes).

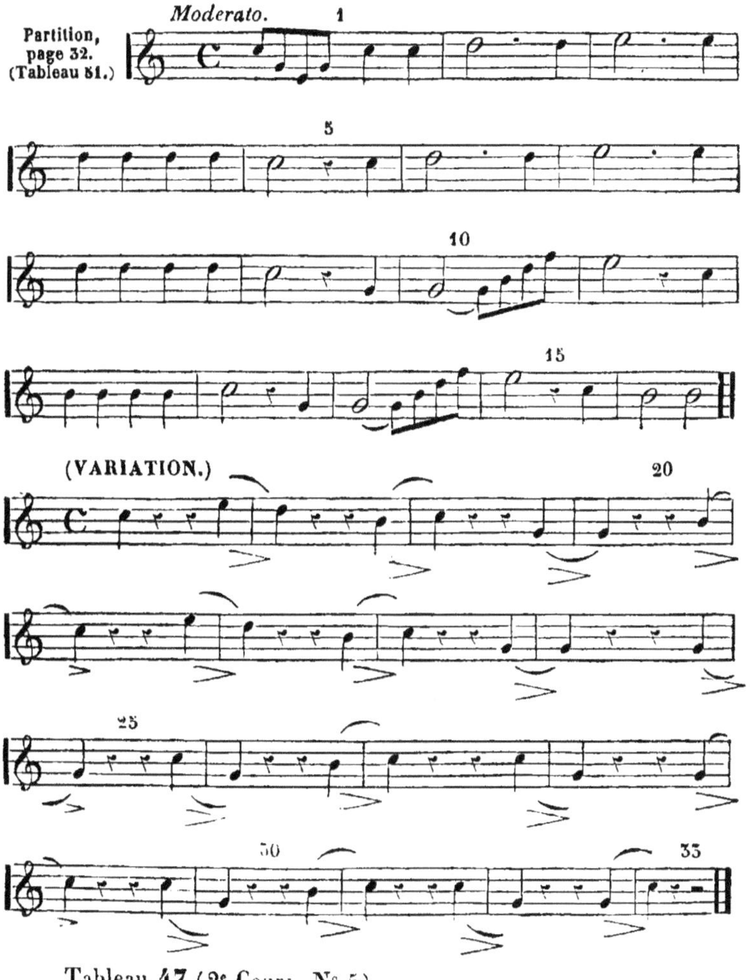

Tableau **47** (2ᵉ Cours, N° 5).

N° 6. — SOLFÉGE DIALOGUÉ à trois parties.

PARTITION des Tableaux 43 (secondes) et 44 (tierces), avec le Tableau actuel.

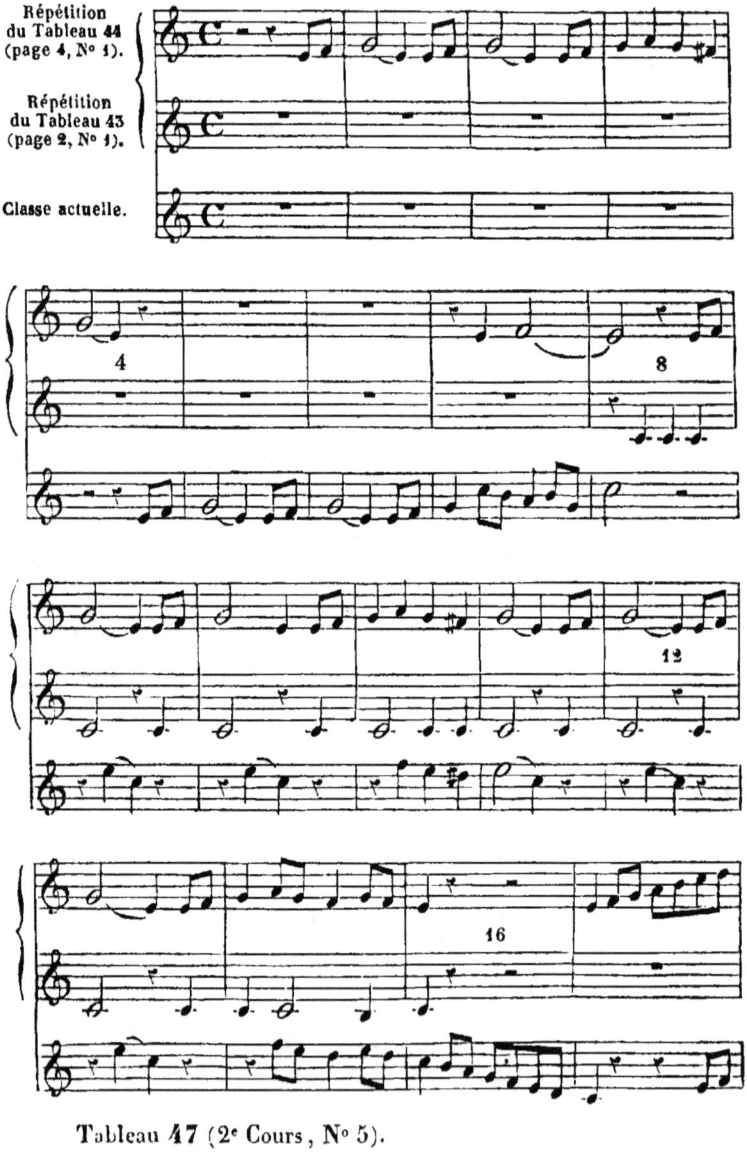

Tableau 47 (2ᵉ Cours, N° 5).

Tableau **47** (2ᶜ Cours, Nᵒ 5).   2

Tableau 47 (2ᵉ Cours, Nᵒ 3).

TABLEAU 48.

FIN DE LA TROISIÈME ÉTUDE DE L'INTERVALLE DE QUARTE.

N° 7. — SOLFÉGE DU PREMIER COURS (page 119).

Réduit de C à $\frac{2}{4}$.

(1° Lire à 4 temps avec valeur de ♩ par temps ; 2° à 2 temps avec valeur de ♪ par temps.)

Tableau 48 (2e Cours, N° 6).

Nᵒ 8. — Solfége de Sabbatini, en Canon, à deux parties A et B.

(1ᵒ Faire décomposer et lire les premières mesures à 4 temps avec valeur de 𝅝 par temps. — 2ᵒ Faire la lecture rhythmique et la solmisation à 2 temps ($\frac{2}{4}$) avec valeur de ♩ par temps.)

Tableau 48 (2ᵉ Cours, Nᵒ 6).

N° 9. — MÉLODIE ITALIENNE, arrangée à trois parties A, B, C, par B. W.

FIN DE LA DIVISION DES QUARTES.

Tableau **48** (2ᵉ Cours, N° 6).

TABLEAU 49.

§ 1.

TROISIÈME ANALYSE DE LA QUINTE.

(1º Faire relire le § 1 du Tableau 32 (page 122, 1ᵉʳ Cours) qui est relatif aux variétés de l'intervalle de quinte. — 2º Faire étudier l'exercice ci-dessous.)

* — Qualifiez les quintes de l'exercice ci-dessous.

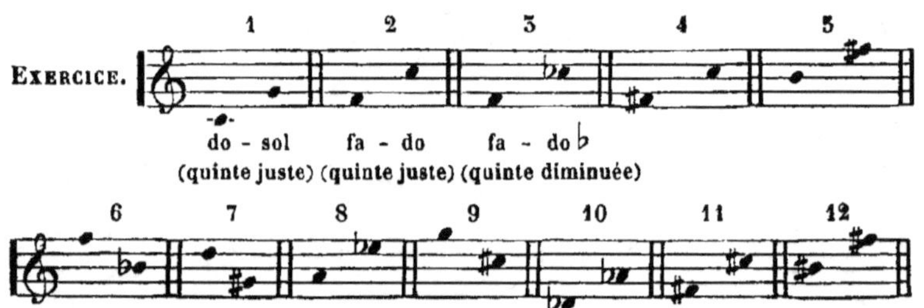

En cas d'hésitation, quand les notes sont altérées, rappeler ce que serait la *quinte* écrite en notes naturelles, et en conclure ce qu'elle devient par l'effet du ♯ ou du ♭.

1º POUR L'ANALYSE DE LA QUINTE : sur l'*Indicateur*, placer la première *note blanche* à une position quelconque dont on fera poser la quinte *juste* ou la quinte *diminuée* avec la deuxième *note blanche*. — Toucher une position dont on fera toucher la quinte *juste* ou la quinte *diminuée*.

2º POUR LA COMPOSITION DES GAMMES : suivre les procédés décrits dans le 1ᵉʳ Cours (page 207.)

---

§ 2.

TROISIÈME ÉTUDE DE L'INTERVALLE DE QUINTE.
SYNCOPES RÉGULIÈRES ET SYNCOPES BRISÉES.

1. Tout son qui commence à un temps *faible* (deuxième ou quatrième), et se prolonge sur un temps *fort* (premier ou troisième) est *syncopé*, c'est-à-dire *coupé* par ce temps *fort*.

N. B. Dans la mesure à trois temps, le premier temps seul est *fort*.

2. Dans une même mesure, la blanche entre deux noires est

Tableau **49** (2ᵉ Cours, Nº 7).

Tableau 49 (2ᵉ Cours, N° 7).

syncopée (♪ 𝅗𝅥 ♪); la noire ou les noires entre deux croches sont *syncopées* (♪ ♩ ♪ ou ♪ ♩ ♩ ♪ ou ♪ ♩ ♩ ♪ ♪); les croches entre deux doubles-croches sont *syncopées* (♫♪ ou ♪♫♪), etc.

a. Ainsi, les notes *syncopées*, dans une même mesure, sont placées entre deux notes plus petites de moitié en valeur.

3. Les notes posées sur le même degré, et liées d'une mesure à l'autre, sont *syncopées*.

(A faire vérifier dans l'exemple ci-dessous.)

SYNCOPES RÉGULIÈRES.

(Deux notes de même valeur.)

Ordinaire

Longue   Très longue

(Prolongement d'une demi-mesure.)   (Prolongement de deux mesures.)

SYNCOPES BRISÉES.

(Deux notes de valeurs inégales).

Ordinaire.

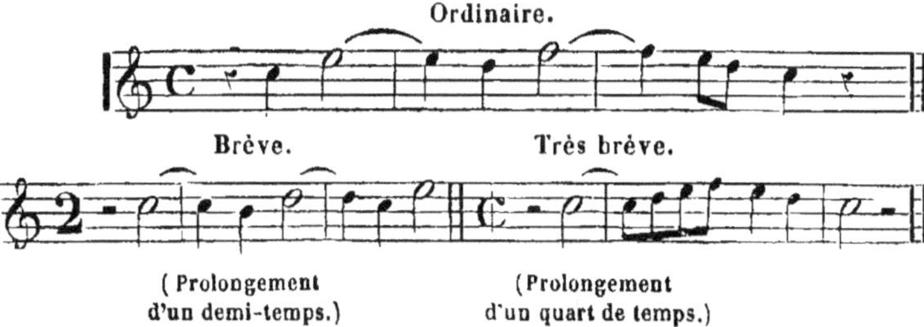

Brève.   Très brève.

(Prolongement d'un demi-temps.)   (Prolongement d'un quart de temps.)

4. Le prolongement d'un son pendant plusieurs mesures se nomme une *tenue*.

Tableau 49 (2ᵉ Cours, Nᵒ 7).

§ 3.

SOLFÉGES SUR LES DIVERSES ESPÈCES DE SYNCOPES.

Nº 1. — SOLFÉGE à deux parties A et B.

(1º Faire distinguer les syncopes régulières et les syncopes brisées. — 2º Faire faire la lecture rhythmique avant de solfier.)

Tableau **49** (2ᵉ Cours, Nº 7).

Nº 2. — SOLFÉGE.

(Faire analyser les syncopes avant la lecture rhythmique et la solmisation.)

Nº 7. — AIR DE B. POLLET,

Disposé à trois parties.

2e Partie, Tableau 46, Nº 4 (quartes); 3e Partie, Tableau 53, Nº 7 (sixtes).

Tableau **49** (2e Cours, Nº 7).

TABLEAU 50.

SUITE DE LA TROISIÈME ÉTUDE DE L'INTERVALLE DE QUINTE.

Nᵒ 4. — MARCHE à trois parties A, B, C.

Tableau 50 (2ᵉ Cours, Nᵒ 8).

Tableau 50 (2ᵉ Cours, Nᵒ 8).

M. MOREL DE VINDÉ.

Nᵒ 5. — MARCHE EN CHŒUR à trois parties.

PARTITION pour les Tableaux 45 (tierces) et 46 (quartes), avec le Tableau actuel.

Tableau **50** (2ᵉ Cours, Nᵒ 8).

Tableau **50** (2ᵉ Cours, Nᵒ 8).

Tableau **50** (2ᵉ Cours, Nᵒ 8).

page 28.

page 28.

M. MOREL DE VINDÉ.

Tableau 50 (2ᵉ Cours, Nᵒ 8).

TABLEAU 51.

FIN DE LA TROISIÈME ÉTUDE DE L'INTERVALLE DE QUINTE.

Nᵒ 6. — AIR DE DOMNICH,

Dialogué et varié à quatre parties par B. W.

PARTITION pour les Tableaux 43 (secondes), 45, (tierces), et 47 (quartes),
avec le Tableau actuel.

Tableau **51** (2ᵉ Cours, Nᵒ 9).

VARIATION.

Tableau 31 (2e Cours, N° 6).

Nᵒ 7. — Solfége de Catena, à deux parties.

Tableau 51 (2ᵉ Cours, Nᵒ 9).

N° 7. — SOLFÉGE DE RODOLPHE, à deux parties.

Moderato.

Tableau 51 (2ᵉ Cours, N° 9).

FIN DE LA DIVISION DES QUINTES.

Tableau **51** (2e Cours, No 9).

TABLEAU 52.

§ 1.

TROISIÈME ANALYSE DE LA SIXTE.

(1º Faire relire le § 1 du Tableau 56 (page 141, 1er Cours) qui est relatif aux variétés de l'intervalle de Sixte ; 2º faire étudier l'exercice suivant.)

*— Qualifiez les sixtes de l'exercice suivant.

(Rappeler, à mesure, les remarques déjà faites sur les seules notes naturelles qui ont leur sixte majeure en notes naturelles.)

N. B. Chaque portion de l'exercice sera lue par un élève différent.

1º Pour l'ANALYSE DE LA SIXTE. Sur l'*Indicateur :* placer la première *note blanche* à une position quelconque dont on fera poser la *sixte majeure* ou la *sixte mineure* avec l'autre *note blanche.*—Sur la *main :* toucher une position dont on fera toucher la *sixte majeure* ou la *sixte mineure.*

2º Pour la COMPOSITION DES GAMMES sur l'*Indicateur,* on suivra les procédés décrits dans le 1er Cours, page 207.

---

§ 2.

TROISIÈME ÉTUDE DE L'INTERVALLE DE SIXTE.

Nº 1. — CANON DE SABBATINI, à deux parties A et B.

Tableau 52 (2e Cours. Nº 10).

SOLFÉGE DE SABBATINI, EN CANON, à trois parties A, B, C.

Tableau 52 (2ᵉ Cours, Nᵒ 10).

N° 3. — SOLFÉGE DE SABBATINI, EN CANON, à deux parties A et B.

APPOGGIATURES ET SYNCOPES.

Allegretto.

Tableau 52 (2e Cours, N° 10).

TABLEAU 53.

SUITE DE LA TROISIÈME ÉTUDE DE L'INTERVALLE DE SIXTE.

N° 4. — Trio ou Chœur à trois parties.

Tableau 53 (2ᵉ Cours, Nᵒ 11).

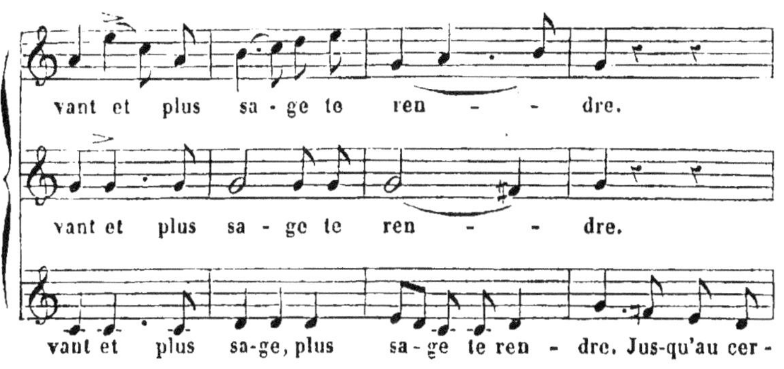

M. Morel de Vindé.

N° 5. — Air en choeur à trois parties.

2e Partie, Tableau 45, N° 7 (tierces) ; 3e Partie, Tableau 68, N° 7 (octaves).

Tableau 55 (2e Cours, N° 11).

N° 6. — AIR EN CHOEUR à deux parties.

PARTITION pour le Tableau 45 (tierces), et le Tableau actuel (sixtes).

(B.W.) *Moderato.*

Répétit. du Tabl. 45, (Page 8, N° 5.)

Classe actuelle.

Tableau 53 (2ᵉ Cours, N° 11).

M. Morel de Vindé.

N° 7.—Air de B. Pollet,

Disposé à trois parties par B. W.

PARTITION, pour le Tableau 46, N°4 (quartes); et le Tableau 49, N° 3 (quintes),
avec le Tableau actuel (sixtes).

Tableau 53 (2e Cours, N° 11).

Tableau 53 (2ᵉ Cours, Nᵒ 11).

TABLEAU 54—*A*.

§ 1. — SUITE DES ÉTUDES PRÉPARATOIRES ET RHYTHMIQUES.

TABLE DES SOUS-DIVISIONS DE VALEURS ENTRE LA 𝅝 ET LA ♪.

1. Outre les *triolets* (3 notes pour 2) sur lesquels on s'est déjà exercé dans le 1ᵉʳ *Cours* (Tableau 39), la musique offre encore des sous-divisions de 5, 6 et 7 notes pour 4 notes de la même figure.

* — Ainsi, au moyen de ces valeurs intermédiaires, indiquées par la figure des notes et en même temps par des chiffres, il y a des signes pour toutes les sous-divisions de durée depuis la 𝅝 jusqu'à 32 ♪ ou même 64 ♬.

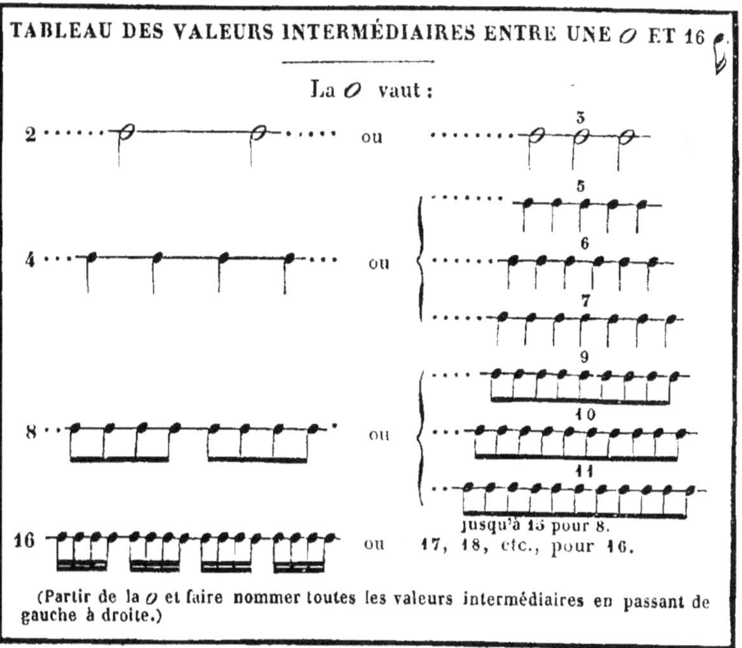

(Partir de la 𝅝 et faire nommer toutes les valeurs intermédiaires en passant de gauche à droite.)

* — *N. B.* En partant d'une 𝅗𝅥, on aurait également toutes les valeurs intermédiaires entre cette 𝅗𝅥 et les ♪, en ♪ triolets; en 5, 6 et 7 ♪ pour 4; en 9, 10 et jusqu'à 15 ♪ pour 8, etc., et ainsi de même à partir de la ♪ et de la ♬.

Tableau 54—*A* (2ᵉ Cours, Nᵒ 12-*A*).

§ 2. — SUITE DES ÉTUDES DU $\frac{3}{4}$.

§ 3. — SUITE DES ÉTUDES DU $\frac{6}{8}$.

2. Dans les mouvements modérés, chaque temps du $\frac{6}{8}$ peut se diviser en deux demi-temps alternativement longs et brefs, comme :

Par la même raison, le $\frac{6}{8}$ se sous-divise aussi quelquefois en quatre temps inégaux sans changer le rhythme caractéristique. Exemple :

3. Pour représenter d'une manière sensible les demi-temps inégaux du $\frac{6}{8}$, on écrit ♪ 𝄾 dans un temps, et non ♪ · qui pourtant équivaudrait exactement à ♩. ou note d'un temps.

* — Dans le $\frac{6}{8}$, comme dans toutes les autres mesures en général, on énonce toujours les silences par 1, ou 1-2, ou 1-2-3, en précipitant plus ou moins l'articulation des chiffres selon que le silence vaut une note plus ou moins longue.

Tableau **54—A** (2ᵉ Cours, Nº 12—*A*).

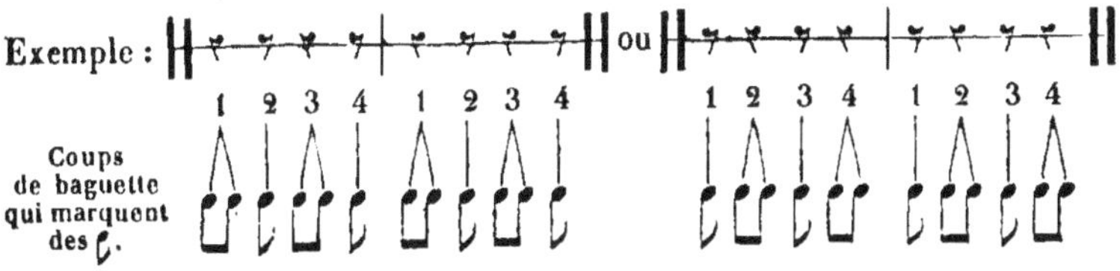

Tableau 54—*A* (2ᵉ Cours, Nᵒ 12—*A*).

TABLEAU 54 — *B*.

SUITE DE LA TROISIÈME ÉTUDE DE L'INTERVALLE DE SIXTE.

N° 8. — CHANT VILLAGEOIS à trois parties.

(B. W.) *Allegretto.*

Tableau 54-*B* (2ᵉ Cours, N° 12-*B*).

Dieu dont la ma-gni fi - cen - ce,
Dieu dont la ma-gni-fi - cen - ce,
Nous cé - lébrons ce Dieu dont la ma-gni-fi - cen - ce, Ma-ni-
Ma-ni - feste en tous lieux l'in - vi-
Ma-ni - feste en tous lieux l'in - vi-
feste en tous lieux, Ma - ni - feste en tous lieux l'in - vi-
si - ble pré - sen - ce, Ma - ni -
si - ble pré - sen - ce, Ma - ni -
si - ble pré - sen - ce, Ma - ni - feste en tous lieux,
feste en tous lieux l'in - vi - si - ble pré -
feste en tous lieux l'in - vi - si - ble pré -
Ma-ni - feste en tous lieux l'in-vi - si - ble pré -

Tableau 54—*B* (2ᵉ Cours, Nᵒ 12—*B*).

TABLEAU 55.

SUITE DE LA TROISIÈME ÉTUDE DE L'INTERVALLE DE SIXTE.

N° 9. — Fragment d'un DUETTO du solfége d'Italie.

Tableau 55 (2ᵉ Cours, N° 13).

Tableau 53 (2ᵉ Cours, Nᵒ 13).

Nº 10. — SOLFÉGE (TRIOLETS) DE DURANTE, à deux parties.

Allegro moderato.

Tableau 55 (2ᵉ Cours, Nº 13).

Tableau 55 (2ᵉ Cours, Nᵒ 13).

TABLEAU 56 — *A*.

§ 1.

MODULATIONS.—TONS ET MODES ANALOGUES.
DÉNOMINATIONS TONALES.

1. Les changements de tons et de modes qui peuvent survenir dans le courant d'un morceau de musique se nomment *modulations* ; en partant du ton d'*ut,* on module souvent en *fa,* en *sol,* etc.

2. On nomme *ton principal* celui par lequel commence et finit le morceau, et l'on appelle *tons analogues* ceux qui ont le plus d'analogie (de rapport) avec le ton principal.

a. Les tons analogues d'une gamme sont ceux des trois notes tonales et de leurs relatifs.

Exemples :

(1° Passer de chaque note tonale à sa tonique relative en disant (pour le majeur): *ut*-majeur ou *la*-mineur ; *fa*-majeur ou *ré*-mineur ; *sol*-majeur ou *mi*-mineur ; (pour le mineur) *ut*-mineur ou *mi* ♭-majeur ; *fa*-mineur ou *la* ♭-majeur ; *sol*-mineur sans relatif.

2° Remarquer que les relatifs des notes tonales sont mineurs dans le mode majeur, et majeurs dans le mode mineur.)

3. *Exception.* La note sensible dans les deux modes, et la seconde note dans le mode mineur, ne servent jamais de toniques passagères, parce que leur quinte est *diminuée*. (A vérifier ci-dessus.)

4. Quelquefois on donne aux notes de la gamme des noms qui rappellent leur rang et leur importance dans le *ton principal;* c'est ce qu'on appelle les *dénominations tonales*.

Tableau 56—*A* (2ᵉ Cours, Nᵒ 14—*A*).

a. Ainsi on nomme *tonique* la note principale du ton, et *dominante* la note **V** qui domine dans l'accord parfait I-3-V ; la note 3, placée au milieu de l'accord, s'appelle *médiante*, et le nom des autres marque leur position par rapport à la tonique et à la dominante. Exemple :

(1° Faire nommer les notes de l'accord parfait : I tonique, V dominante, 3 médiante. 2° Faire lire les sept dénominations tonales dans leur ordre diatonique.)

5. La *modulation* est appréciable dans une mélodie, quand elle offre les notes altérées qui caractérisent les changements de tons et de modes. (Exemple ci-dessous.)

a. Mais quelquefois la modulation n'est caractérisée que par l'harmonie des parties vocales ou instrumentales.

---

§ 2.

MÉLODIES QUI PARCOURENT LES MODULATIONS ORDINAIRES.

(Les notes caractéristiques des changements de ton et de mode sont marquées par les lettres A, B, C, D.)

(1° Lecture rhythmique ; 2° solmisation ; 3° examen de l'exemple en y appliquant les remarques qui le suivent ; 4° seconde solmisation.)

Allegro.   Uᴛ majeur (ton principal).

Tableau 56—*A* (2ᵉ Cours, Nᵒ 14—*A*).

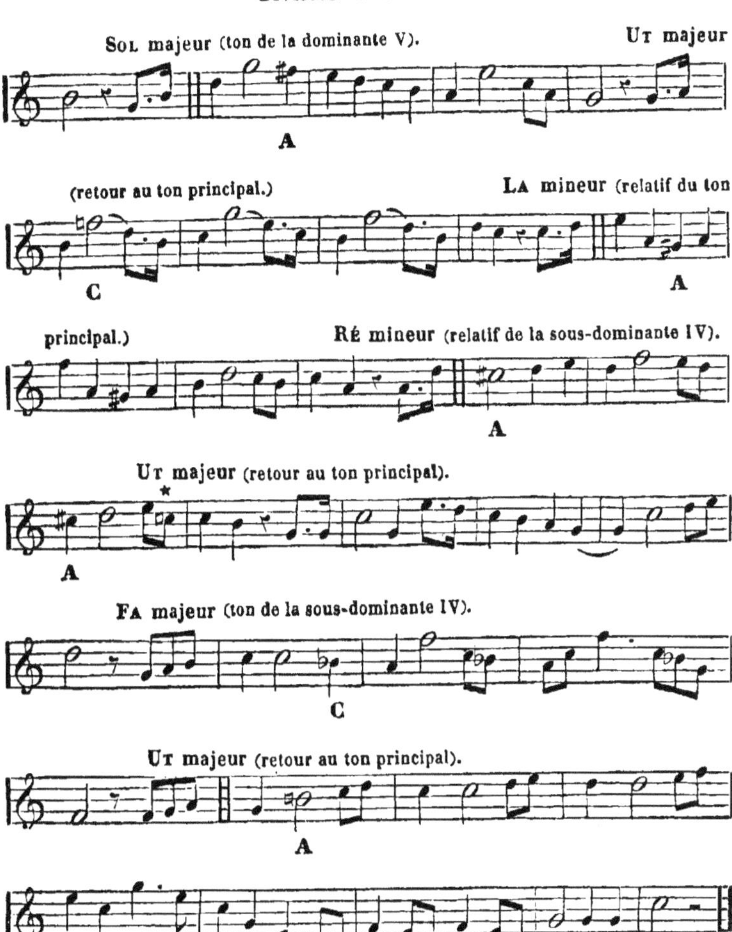

*—*Remarques*. 1° Une note élevée par $\sharp$ ou par $\natural$ est ordinairement la *note sensible* du ton où l'on passe. (Exemples A , N° 1 et N° 2.)

a. Mais quand le nouveau ton est mineur, la note altérée est quelquefois la *seconde note* de ce *ton*. (Exemple B , N° 2.)

*—Une note baissée par $\flat$ ou par $\natural$ est ordinairement *quarte* du *ton* où l'on passe (Exemple C , N° 1 et N° 2.)

a. Mais quand le nouveau *ton* est en mode mineur, la note altérée est quelquefois la *sixième note* de ce *ton*. (Exemple D , N° 2.)

Tableau 56—*A* (2ᵉ Cours, N° 14—*A*).

6. Il ne faut pas confondre la *transition* avec la *modulation* ; la *transition* est le moment même où le *ton* change ; la *modulation* dure d'une *transition* à une autre.

    *—Ainsi, dans l'exemple N° 1, le ton principal en *ut* change à la *transition* en *sol* (A) par le *fa* ♯, et cette modulation en *sol* continue jusqu'au *fa* ♮ (C), qui marque la transition du retour dans le ton principal.

Tableau 56—*A* (2ᵉ Cours, N° 14—*A*).

TABLEAU 56—*B*.

§ 1. — SUITE DES MODULATIONS.

1. *Remarque*. Quand une mélodie n'offre pas les notes altérées, qui annoncent de coutume le changement de *mode* ou de *ton*, la *modulation* ne peut être appréciée que par l'examen ou par l'audition des parties d'accompagnement.

*—Dans la mélodie ci-dessus, le *mode* est incertain, parce que les deux notes *modales* (3 et 6) n'y sont pas employées.

(Vérifier qu'il n'y a ni *mi* ni *la* dans la mélodie ci-dessus.)

*—Mais, dans l'accompagnement, le *mode* est au contraire très caractérisé par l'emploi fréquent des notes *modales* (3 et 6), de sorte que la mélodie est en *ut majeur* ou en *ut mineur*, selon qu'elle est accompagnée tour à tour en *ut majeur* ou en *ut mineur*.

Tableau 56—*B* (2ᵉ Cours, N° 14—*B*).

§ 3.

TONS ET MODES INCERTAINS DANS LA MÉLODIE.

1° Faire solfier; **2°** faire rendre compte de la marche des *Modulations.*

N° 4. — Mélodie des quatre notes d'un Carillon.

2. *Remarque.* 1° La mélodie des quatre notes de ce *carillon* a pu passer en *la* mineur (avec *sol* ♯ dans l'accompagnement) parce qu'elle ne contient pas le *sol* ♮, quinte juste et *dominante* du *ton* d'*ut*;

Tableau 56—*B* (2ᵉ Cours, N° 14—*B*).

2° elle passe en *fa* majeur (avec *si* ♭ dans l'accompagnement) parce qu'elle ne contient pas le *si* ♮ note sensible du ton d'*ut*; 3° elle passe momentanément en *ré* mineur (avec *ut* ♯ dans l'accompagnement) en faisant appartenir le *mi* de la mélodie à l'accord *la-ut* ♯-*mi*, au lieu d'appartenir à l'accord *ut-mi-sol*.

3° Voici (N° 5) le même *carillon* en *canon* à 4 ou à 6 parties. Le *ton* d'*ut* y est constamment déterminé par l'emploi de la *dominante* (*sol* ♮) et de la *note sensible* (*si*); le *mode majeur* est caractérisé par la tierce majeure (*ut-mi*).

N° 5. — CANON à 6 parties A, B, C, D, E, F.

Les trois pages de ce tableau offrent des exemples de *modulations* ordinaires, dans un *ton principal*, son *mineur*, son *relatif*, et ses *tons analogues*; mais il arrive quelquefois que, pour produire des effets plus frappants, on néglige l'analogie pour employer (d'après d'autres règles) des transitions brusques et inattendues (exemple 6).

N° 6.
Exemple

(Faire remarquer que dans cet exemple la première *tonique ut* est prise ensuite brusquement pour *note sensible* du nouveau *ton ré* ♭ *majeur*)

Tableau 56—B (2ᵉ Cours, N° 14—B).

TABLEAU 58.

SUITE DE LA TROISIÈME ÉTUDE DE L'INTERVALLE DE SIXTE.

Nᵒ 11. — CANON DE SABBATINI, à trois parties A, B, C.

Nᵒ 12. — CANON de SABBATINI, à trois parties A, B, C.

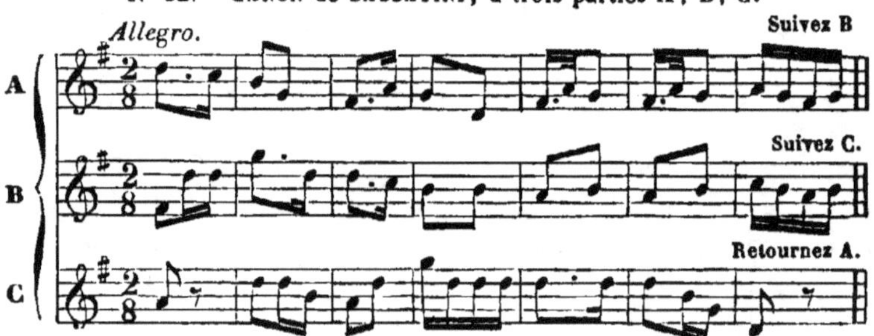

Nᵒ 13. — SOLFÉGE DE RODOLPHE avec Basse d'accompagnement.

Tableau 57 (2ᵉ Cours, Nᵒ 15).

N° 14. — SOLFÉGE DE SABBATINI, à deux parties A et B.

Tableau 57 (2ᵉ Cours, N° 15).

Tableau 57 (2ᵉ Cours, Nᵒ 15).

TABLEAU 58.

SUITE DE LA TROISIÈME ÉTUDE DE L'INTERVALLE DE SIXTE.

N° 15. — AIR DE PAESIELLO, avec une Basse d'accompagnement.

« La *variation* est une manière de broder un air par des passages ou autres agréments qui ornent cet air. A quelque degré qu'on multiplie et charge des *variations*, il faut toujours qu'à travers ces broderies on reconnaisse le fond de l'air choisi ou composé pour le varier. »

Nº 16. — VARIATION sur le thème précédent.

Tableau 58 (2ᵉ Cours, Nº 16).

Tableau 58 (2ᵉ Cours, Nᵒ 16).

TABLEAU 59.

§ 1. — FIN DES ÉTUDES RHYTHMIQUES ET PRÉPARATOIRES DU $\frac{6}{8}$.

(Faire répéter trois fois chaque exercice.

Tableau 59 (2ᵉ Cours, Nᵒ 17).

§ 2. — SOLFÉGE POUR SERVIR DE RÉCAPITULATION AUX ÉTUDES RHYTHMIQUES DU $\frac{6}{8}$.

N° 18 — Solfége à deux parties.

Tableau 59 (2ᵉ Cours, N° 17).

FIN DE LA DIVISION DES SIXTES.

Tableau **59** (2ᵉ Cours, Nᵒ 17).

TABLEAU 60.

§ 1.

TROISIÈME ANALYSE DE LA SEPTIÈME.

(1º Faire relire le § 1 du Tableau 39 (page 153, 1er Cours) qui est relatif aux variétés de l'intervalle de septième. — 2º Faire étudier l'exercice ci-dessous.)

*— Qualifiez les septièmes de l'exercice ci-dessous.

(Faire l'application des remarques sur les seules notes naturelles qui ont la septième majeure, les notes *ut* et *fa*.)

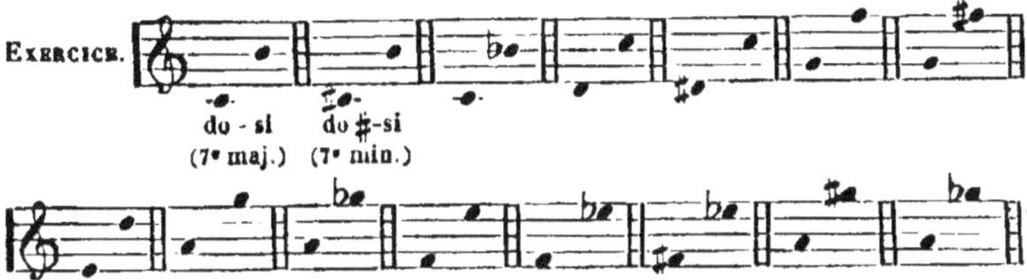

N. B. Chaque portion de l'exercice sera lue par un élève différent.

1º Pour l'ANALYSE DE LA SEPTIÈME. Sur l'*Indicateur :* placer la première *note blanche* à une position quelconque dont on fera poser la *septième majeure* ou la *septième mineure.*—Sur la *main :* toucher une position dont on fera toucher la septième majeure ou la septième mineure.

2º Pour la comparaison des armures des modes relatifs et des tons enharmoniques sur l'*Indicateur* et sur la main, suivre les procédés décrits dans le 1er Cours, page 207.

---

§ 2.

TROISIÈME ÉTUDE DE L'INTERVALLE DE SEPTIÈME.

Nº 1. — SOLFÉGE EN CANON, à deux parties A et B.
Allegro.

Tableau 60 (2ᵉ Cours, Nº 18).

Même vitesse.
Même vitesse.
Même vitesse.
2/4
2/4
Tableau 60 (2ᵉ Cours, Nᵒ 18).

N° 2. — Solfége de Sabbatini, en Canon,

à trois parties A, B, C.

Tableau 60 (2e Cours, N° 18).

Tableau 60 (2ᵉ Cours, Nᵒ 18).

TABLEAU 61—*A*.

§ 1.

MESURE DITE A **1** TEMPS, ET MESURE A **5** TEMPS.

EXERCICES RHYTHMIQUES PRÉPARATOIRES.

MESURE A UN TEMPS.

*—Après avoir étudié précédemment les mesures à quatre temps, à deux temps et à trois temps, il ne vous reste plus à connaître que les mesures à un temps et à cinq temps.

1. On bat la mesure à *un temps* lorsqu'il s'agit d'exécuter *prestissimo* un $\frac{3}{8}$ ou un $\frac{3}{16}$, dont on ne peut pas marquer les trois temps, parce que le mouvement en est trop précipité.

a. Pour battre à un temps les mesures à trois temps très vifs, on frappe le premier temps, et on lève vivement au deuxième temps, qui est alors deux fois plus long que le premier.

EXERCICE.

(Faire plusieurs fois, sans interruption, les mouvements de préparation, et effectuer ensuite la lecture rhythmique.)

b. Le *pas de charge*, la *sauteuse*, la *walse russe*, et quelques autres pièces d'un mouvement très animé, se battent à *un temps*.

MESURE A CINQ TEMPS.

2. La mesure à *cinq temps* est formée de la réunion d'une mesure à trois temps et d'une mesure à deux temps.

Tableau **61**—*A* (2ᵉ Cours, Nᵒ 19—*A*).

(Solfége du Conservatoire,
2ᵉ partie, livre 4.)

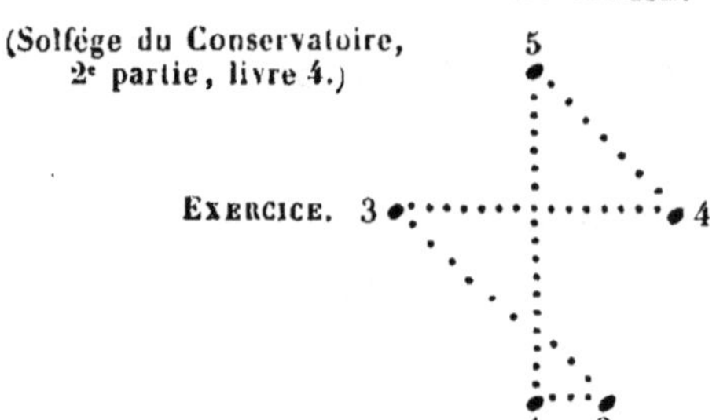

Faire répéter plusieurs fois de suite ces 5 temps, et recommencer jusqu'à ce que la mesure soit battue bien régulièrement.)

(Mesure employée par Boïeldieu dans un air de la *Dame Blanche*.)

§ 2. — PREMIÈRE SOLMISATION A UN TEMPS.

Nº 3. — Solfége de Durante, à deux parties.

* — Faites la lecture rhythmique avant de solfier.

Prestissimo.

Tableau **61**—*A* (2ᵉ Cours, Nº 19—*A*).

Tableau 61 — *A* (2ᵉ Cours, Nº 19 — *A*).

TABLEAU 61—*B*.

§ 1.

LECTURE DE LA CLEF D'*UT* A TOUTES SES POSITIONS.

Avis. — Le moniteur prend le livre en main, et, faisant face à ses élèves, il leur lit le texte de moniteur suivant.

* — On nomme PARTITION la réunion des PARTIES musicales écrites en accolade les unes sous les autres, de manière à ce qu'on puisse voir, mesure par mesure, tout ce qui doit s'exécuter en même temps : les chants de l'*Orphéon* sont disposés en *Partition*.

* — Les compositeurs de musique emploient dans leurs *Partitions*, des clefs différentes pour que les parties vocales et instrumentales soient écrites à leur véritable degré d'acuité ou de gravité. Ainsi, quoique l'on grave souvent avec 𝄞 les airs détachés de *Tenore* et de *Contralto*, il ne faut pas moins en venir à la lecture réelle des diverses positions de la *clef d'ut* si l'on veut jouir de la lecture des *Partitions*.

* — Après avoir lu avec *clef d'ut* première *ligne* dans le 1ᵉʳ Cours, il faut maintenant vous rendre familières les autres positions de cette clef sur l'*Indicateur-Vocal*, à l'aide des *clefs mobiles* et par le chant sur la main munie d'un anneau en guise de 𝄟.

(Pratiquer de nouveau les exercices décrits pour les mutations de la clef d'*ut* 1ᵉʳ Cours, page 205, et comme il suit.)

1° Après l'étude du nom des seules lignes $\left(\begin{matrix} ut\text{-}mi\text{-}sol \\ ut\text{-}la\text{-}fa \end{matrix}\right)$ passer la baguette d'une ligne à son interligne supérieur ou inférieur, et ensuite d'une position quelconque à une autre position.

2° Faire les mêmes exercices sur la main droite munie d'un anneau pour 𝄟.

N. B. L'anneau ne doit pas avancer au-delà de la première phalange des doigts, afin qu'on puisse le changer facilement de doigts comme on change la 𝄟 de lignes sur l'*Indicateur-Vocal*.

PROCÉDÉS DE LECTURE POUR LES TROIS EXERCICES SUIVANTS.

Avant de lire la *clef d'ut* à une position quelconque, on doit chaque fois déterminer le nom des lignes, à partir de cette clef, en les nommant $\left(\begin{matrix} ut\text{-}mi\text{-}sol \\ ut\text{-}la\text{-}fa \end{matrix}\right)$, puis il faut :

Tableau **61**—*B* (2ᵉ Cours, N° 19—*B*).

1° Nommer les notes sans mesure et sans intonations ;

2° Faire une simple lecture rhythmique ;

3° Solfier dans le ton indiqué par chaque armure. (Cependant, pour éviter le *la* aigu, on prendra *si* ♭ pour *ut* quand il faudra solfier en *ut*.)

(Voir les procédés décrits ci-dessus et page précédente)

Tableau **64**—*B* (2ᵉ Cours, Nᵒ 19—*B*).

§ 2.

*—Etudiez le même chant avec les mutations de la ▦.

(1° Faire nommer les lignes *ut* - $\frac{mi\text{-}sol}{la\text{-}fa}$ à partir de chaque clef; 2° Lire les notes de suite sans mesure et sans intonations; 3° Faire une lecture rhythmique; 4° Solfier.)

Remarque. Lorsqu'un morceau est écrit trop haut ou trop bas pour la voix de l'exécutant, on peut, en changeant mentalement la clef, transposer ce morceau dans un ton convenable sans que les notes changent réellement de place sur la portée.

N. B. Quelquefois aussi, abstraction faite de toute convenance vocale, on a recours au changement de clef pour supposer en *ut* (clef sans armure) un morceau écrit dans un ton peu familier à l'exécutant; mais ce dernier moyen est généralement vicieux.

———•◦◦◦•———

Tableau **61**—*B* (2ᵉ Cours, N° 19—*B*).

TABLEAU 62.

SUITE DE LA TROISIÈME ÉTUDE DE L'INTERVALLE DE SEPTIÈME.

N° 6. — SOLFÉGE DE DURANTE, à deux parties,

Avec le Tableau 63, N° 13.

Tableau 62 (2ᵉ Cours, N° 20).   6

Nᵒ 7. — Solfége de Durante, à deux parties.

Avec le Tableau 68, Nᵒ 14.

Tableau **62** (2ᵉ Cours, Nᵒ 20).

N° 8. — Réduction des valeurs du solfége du Tableau 55, (page 33),

A deux parties,

Avec le Tableau 65, N° 15.

Tableau 62 (2ᵉ Cours, N° 20).

Nᵒ 9. — SOLFÉGE à deux parties.

Avec le Tableau 65, Nᵒ 16.

Tableau **62** (2ᵉ Cours, Nᵒ 20).

TABLEAU 63.

SUITE DE LA TROISIÈME ÉTUDE DE L'INTERVALLE DE SEPTIÈME.

N° 10. — SOLFÉGE DE DURANTE, à deux parties.

Avec le Tableau 66, N° 17.

N° 11. — SOLFÉGE DE DURANTE, à deux parties.

Avec le Tableau 60, N° 18.

Tableau **63** (2ᵉ Cours, N° 21).

Tableau 63 (2ᵉ Cours, Nᵒ 21).

N° 7. — SOLFÉGE DE DURANTE, à deux parties.

Avec le Tableau 66, N° 19.

Tableau 62 (2ᵉ Cours, N° 21).

TABLEAU 64—*A*.

ANALYSE MÉLODIQUE DE LA PHRASE ET DE LA PÉRIODE MUSICALE.

RHYTHME, DESSIN, SYMÉTRIE, RÉPÉTITION, IMITATION, INCISE.

1. En parlant de musique, on emploie souvent les mots *phrase* et *période ;* ces expressions indiquent une portion plus ou moins étendue de chant ou d'harmonie.

2. Les éléments principaux et constitutifs de la *phrase* et de la *période* musicale sont au nombre de cinq, savoir le *rhythme* (par rapport à la mesure), le *dessin* (par rapport aux intervalles), la *symétrie* (par rapport aux groupes de notes), la *répétition* et l'*imitation*, qui n'est qu'une sorte de répétition.

1°.

3. Le *rhythme musical* résulte d'un emploi caractéristique des diverses valeurs de notes. Exemple 1.

Exemple 1. 

(1° Lire en mesure ; 2° Rappeler le chant de ces paroles.)

a. Lorsque les troupes marchent au son du fifre et du tambour, le tambour marque le *rhythme* de l'air joué par le fifre.

2°.

4. Le *dessin* est la forme ascendante ou descendante de la mélodie ou de l'harmonie. Exemple 2.

HAYDN.   *Andante.*

Exemple 2. 

Tableau **64**—*A* (2ᵉ Cours, N° 24—*A*).

(1° Remarquer les formes ascendantes et descendantes du dessin de cet air ;
2° Lecture rhythmique et solmisation.)

3°.

5. La *symétrie* est la correspondance rhythmique et mélodique des membres de la phrase musicale. Exemple 3.

(1° Lecture rhythmique, solmisation et chant ; 2° Remarquer la correspondance
du rhythme ＿＿＿＿＿＿＿＿＿＿＿＿＿＿＿＿＿＿＿＿＿＿＿＿＿＿＿
et celle du dessin qui est ascendant dans les deux membres de phrase.)

a. Le *rhythme* est *symétrique* quand des valeurs égales reparaissent à des temps semblables. Exemples 2 et 3.

b. Quelquefois il y a *symétrie* de rhythme, de dessin et d'intervalles Exemple 4.

Exemple 4. Mozart.

(Constater cette triple symétrie.)

4°.

6. La *répétition* est la reproduction du même chant dans la même partie et sur les mêmes degrés. Exemple 5.

Prière de Moïse. Rossini.

Tableau **64**—*A* (2ᵉ Cours, Nº 22—*A*).

(1ᵒ Lecture rhythmique et solmisation. 2ᵒ Remarquer la répétition des mesures 1-2 aux mesures 6-5)

a. La répétition entière et exacte d'une phrase, ou d'une période qui contient plusieurs phrases, se nomme une *reprise* et se marque par le signe déjà connu pour cette indication (:‖).

5°.

7. L'*imitation* consiste à transporter le même dessin, soit dans la même partie, soit d'une partie à une autre, par répétition ou par transposition. Exemple 6 :

(1ᵒ Remarquer l'imitation de rhythme, de dessin et d'intervalle. 2ᵒ Solfier à deux parties.)

RÉSUMÉ.

8. Le discours musical est donc formé d'une suite de petites divisions mélodiques ou harmoniques (idées musicales), d'autant plus claires qu'elles affectent des formes *imitatives* et qu'elles sont liées par des rapports *symétriques*, de *rhythme* et de *dessin*.

Tableau **64**—*A* (2ᵉ Cours, Nᵒ 22—*A*).

* — En faisant l'analyse mélodique de l'exemple suivant, vous y trouverez les cinq éléments constitutifs de la phrase et de la période musicale.

ROMANCE DE HAYDN.

9. On nomme *phrases carrées* celles qui ont un nombre pair de mesures, et l'on appelle *incises* des passages qui servent à lier les phrases entre elles.

(Montrer, dans l'exemple 7 ci-dessus, les phrases carrées et les incises.)

Tableau 64—*A* (2ᵉ Cours, Nᵒ 22—*A*).

TABLEAU 64 — *B.*

§ 1.

SUITE DE L'ANALYSE MÉLODIQUE DE LA PHRASE MUSICALE.

1. La *Phrase* de huit mesures, avec repos à la quatrième, est regardée comme la plus parfaite : tels sont les exemples d'HAYDN, de MOZART et de ROSSINI, pages 84 et 85.

a. Mais on emploie aussi des *phrases* de 6 mesures, et même de 10 mesures, pourvu qu'elles aient des repos symétriques. Exemples.

Ouverture de PANURGE, de GRÉTRY.

§ 2.

PONCTUATION MUSICALE.

CE QU'ON ENTEND PAR PHRASER ET PROSODIER EN CHANTANT.

2. Dans le discours oratoire, la séparation des idées partielles et les repos de la voix se marquent par la ponctuation ; mais, dans la

Tableau **64**—*B* (2ᵉ Cours, Nᵒ 22—*B*).

phrase musicale, ces séparations et ces repos sont principalement indiqués par le rang tonal de la note qui termine chaque idée.

a. Le repos final sur la *tonique* correspond au *point final* du discours;
le repos médiaire sur la *dominante* ou sur sa quinte marque le *point-
et-virgule* ou les *deux points*; les autres repos sont plus ou moins sus-
pensifs, et ils équivalent à la *virgule*. Exemple :

3. Lorsque le chant est bien fait, c'est-à-dire quand la musique est
parfaitement adaptée aux paroles, les deux ponctuations se correspon-
dent; le sens poétique et le sens musical se prêtent un mutuel secours,
et leur expression propre, rendue plus forte et plus vraie, peut être
tantôt vive et fine, comme dans l'exemple ci-dessus de MOZART, et
tantôt profonde et touchante, comme dans le bel air de *Joseph*, par
MÉHUL. (Exemple de la page suivante.)

Tableau **64**—*B* (2ᵉ Cours, Nᵒ 22—*B*).

a. Ainsi, pour bien *phraser* en chantant, il faut saisir le caractère du chant, sa division en *phrases* distinctes et son rapport avec les paroles.

« Il faut en outre sentir l'accent qui est propre à ce chant, celui qu'il suppose dans la voix de l'exécutant, l'énergie que le compositeur a ajoutée aux paroles, et celle que l'on peut à son tour donner à la composition ; il faut faire valoir toutes les parties de la phrase musicale et y porter la vie comme si l'on était à la fois le poète et le musicien. » (J.-J. Rousseau.)

Tableau 64—*B* (2ᵉ Cours, Nᵒ 22—*B*).

4. Le talent de *prosodier* en chantant consiste à avoir égard à la longueur ou à la brièveté des syllabes, ainsi qu'à la séparation des mots, quand il s'agit d'adapter les intonations musicales à des strophes ou à des couplets qui ne sont pas notés.

a. Alors on est souvent obligé d'augmenter ou de diminuer la valeur de quelques notes pour éviter les repos inconvenants ou une mauvaise séparation de syllabes.

b. Ainsi, au lieu de chanter :

Tableau **64** — *B* (2ᵉ Cours, Nᵒ **22** — *B*).

TABLEAU 65.

SUITE DE LA TROISIÈME ÉTUDE DE L'INTERVALLE DE SEPTIÈME.

Nᵒ 13. — Partition pour le Tableau 62, Nᵒ 6,

Avec le Tableau actuel.

DURANTE.

Répétition
du Tableau 62,
page 81, Nᵒ 6.

Étude actuelle.

Tableau 65 (2ᵉ Cours, Nᵒ 23).

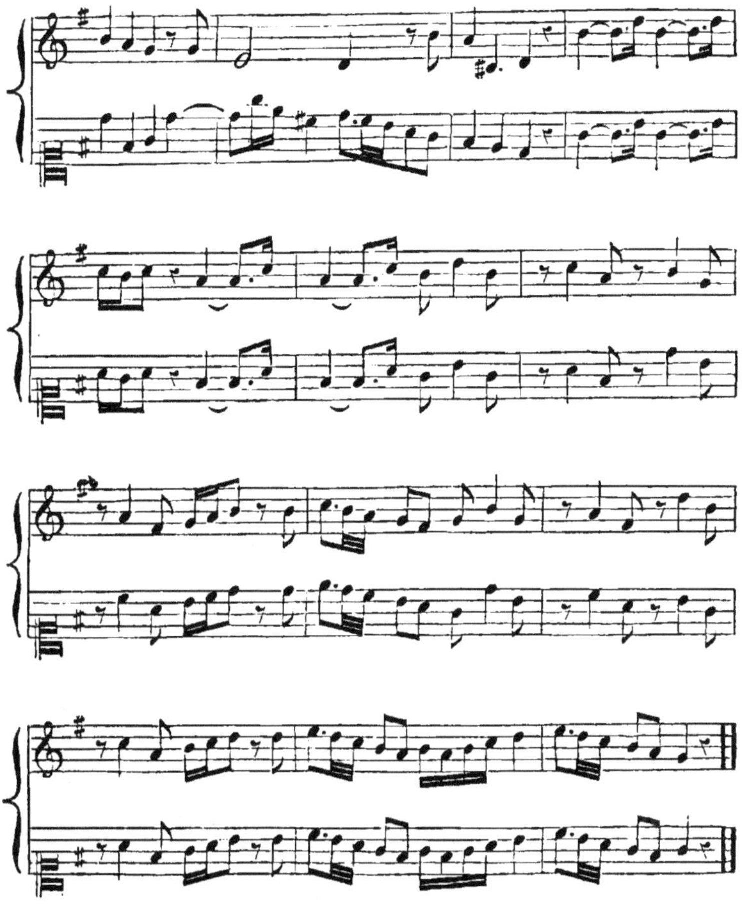

Nº 14. — Partition pour le Tableau 62, Nº 7,

avec le Tableau actuel.

Tableau 65 (2ᵉ Cours, Nº 23).   7

Tableau 65 (2ᵉ Cours, N° 23).

N° 15. — Partition pour le Tableau 62, N° 8,

Avec le Tableau actuel.

Tableau 65 (2ᵉ Cours, N° 23).

Tableau **65** (2ᵉ Cours, Nᵒ 23).

21

N° 16. — Partition pour le Tableau 62, N° 9,

Avec le Tableau actuel.

DURANTE.

Allegro.

Répétition
du Tableau 62,
page 84, N° 9.

Étude actuelle.

Tableau **65** (2ᵉ Cours, N° 23).

Tableau 65 (2ᵉ Cours, Nᵒ 23).

TABLEAU 66.

SUITE DE LA TROISIÈME ÉTUDE DE L'INTERVALLE DE SEPTIÈME.

N° 17. — Partition pour le Tableau 63, N° 10,

avec le Tableau actuel.

Tableau **66** (2ᵉ Cours, N° 24).

N° 18. — Partition pour le Tableau 63, N° 11,

Avec le Tableau actuel.

Tableau 66 (2° Cours, N° 24).

Tableau 66 (2ᵉ Cours, Nᵒ 24).

Tableau **66** (2ᵉ Cours, Nᵒ 24).

N° 19. — Partition pour le Tableau 63, N° 12,

Avec le Tableau actuel.

Tableau 66 (2ᵉ Cours, N° 24).

Tableau 66 (2e Cours, Nº 24).

TABLEAU 67—*A.*

§ 1. — DIFFÉRENCE ENTRE LE DEMI-TON DIATONIQUE ET LE DEMI-TON CHROMATIQUE.

1. Quoique sur le *forte-piano*, et sur plusieurs autres instruments, la même touche serve pour deux *notes enharmoniques* (comme ut-♯-ré-♭), il y a cependant entre ces deux notes un petit intervalle appréciable par rapport à la parfaite justesse de l'intonation. *Exemple :*

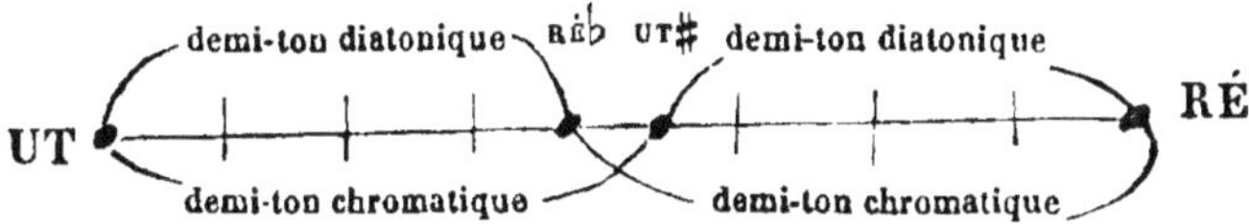

2. Les divisions de la corde (ligne) ci-dessus montrent que la note *altérée* (par ♯ ou ♭) est plus près du son où l'on va que du son d'où l'on part (*ut*♯ est plus près de *ré* que d'*ut; ré*♭ est plus près d'*ut* que de *ré.*)
(à vérifier.)

3. Il y a donc deux sortes de demi-tons : 1° le demi-ton *chromatique*, entre deux notes de même position, comme *ut-ut*♯, *ré-ré*♭ ; 2° le demi-ton *diatonique*, entre deux notes de positions différentes, comme *ut*♯*-ré*, *ré*♭*-ut.*

4. Le demi-ton *chromatique*, qui caractérise les nuances du chant chromatique, est plus grand que le demi-ton *diatonique* qui est identique avec le demi-ton *si-ut* de la gamme diatonique.

(1° A vérifier de nouveau d'après les divisions de la corde ci-dessus ; 2° répéter le chant *Défiez-vous.*)

5. En exécutant l'exemple ci-dessous avec une parfaite justesse d'intonation, l'oreille appréciera la différence qui existe entre deux notes *enharmoniques* selon qu'elles conduisent à une note supérieure ou à une note inférieure.

Exemple:

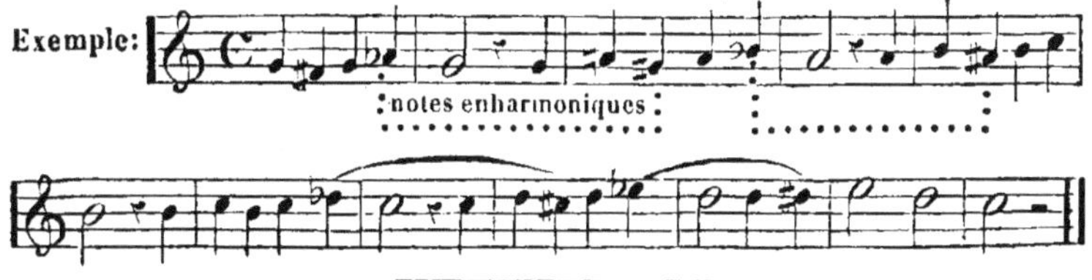

Tableau 67—*A* (2ᵉ Cours, Nᵒ 25—*A*).

§ 2. — TABLE GÉNÉRALE DES ARMURES.

Pour servir à examiner les élèves : 1o sur la différence des armures entre les *deux modes d'un même ton* ; 2o sur la similitude des armures pour les *modes relatifs* ; 3o sur la vérification du total des douze signes de l'armure des *tons enharmoniques*.

1o Montrer un majeur et son mineur en faisant remarquer de nouveau qu'il y a une différence de trois signes entre les deux armures.— 2o Montrer un majeur ou un mineur, demander quel est le relatif, faire chercher ce relatif dans la table, et constater la similitude des armures pour ces deux modes relatifs. — 3o Montrer une armure qui ait un assez grand nombre de ♯ ou de ♭ pour qu'il soit utile d'en connaître le ton enharmonique dont l'armure doit être moins forte, demander quel est ce ton enharmonique, le faire chercher dans la table et constater le total des douze signes de ces deux armures enharmoniques.

TONIQUES EN NOTES NATURELLES.   **TONIQUES DIÉSÉES.**   **TONIQUES BÉMOLISÉES.**

QUESTIONS D'EXAMEN.—Quel est le relatif d'*ut*-majeur? Montrez son armure.— Quelle différence d'armure y a-t-il **entre** *la*-mineur et *la*-majeur.— Montrez l'armure de *la*-majeur, dites quel est le relatif et montrez l'armure.— Montrez l'armure de *la* ♯ majeur.— Quelle est l'armure enharmonique, et montrez-la, etc.

Tableau **67**—*A* (2e Cours, No 25.—*A*).

TABLEAU 67 — *B.*

§ 1.

SOLFÉGE AVEC CHANGEMENT DE CLEFS.

1. *Remarque.* Les changements de clefs que l'on rencontre dans le courant d'une même pièce de solfége, ou dans tout autre morceau de chant écrit pour une seule voix, sont employés pour exercer les élèves à la lecture des notes, selon les diverses positions des clefs, et non pour faire entonner les sons au degré réellement indiqué par les clefs. Exemple :

Tableau **67—*B*** (2e Cours, N° 25—*B*).

§ 2.

LECTURE VOCALE ET MESURÉE, AVEC CHANGEMENTS DE CLEFS DANS LE COURANT DU MORCEAU.

Lire d'abord sans battre la mesure.

Exemple 1.

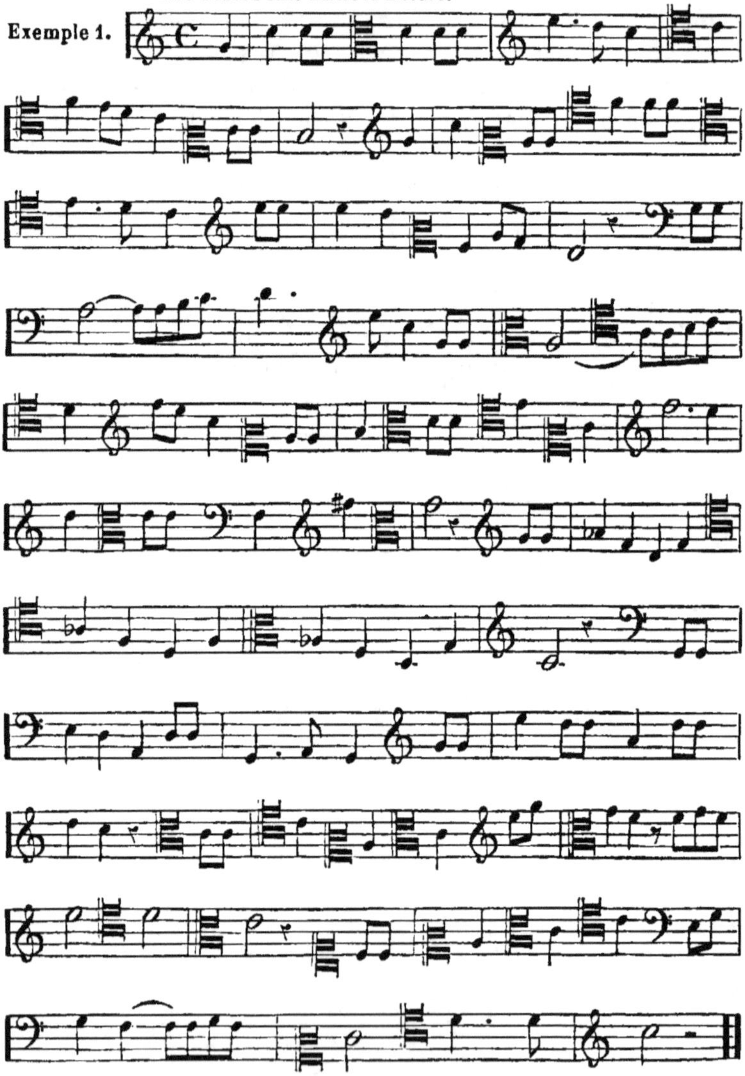

Tableau 67—*B* (2e Cours, N° 25—*B*).

Exemple 2. 
fin.
FIN DE LA DIVISION DES SEPTIÈMES.
Tableau 68—B (2e Cours, No 25—B).
8

TABLEAU 68 — *A.*

§ 1

TROISIÈME ANALYSE DE L'OCTAVE.

(1° Faire relire le texte du Tableau 40 (1ᵉʳ Cours, page 160) qui est relatif aux variétés de l'intervalle d'octave. — 2° Faire étudier l'exercice ci-dessous.)

* — Qualifiez les octaves de l'exercice ci-dessous.

N. B. Chaque portion de l'exercice sera lue par un élève différent.

1° Pour l'ANALYSE DE L'OCTAVE. — Sur l'*Indicateur :* placer la première *note blanche* à une position quelconque dont on fera poser *l'octave juste* ou *l'octave altérée* par dièse ou par bémol.—Sur la *main :* toucher une position dont on fera toucher l'octave juste ou l'octave altérée par dièse ou par bémol.

2° Pour faire connaître, sur l'*Indicateur* ou sur la main, le rapport des tons analogues ainsi que la pose ou le toucher des notes à distance d'intervalles composés, on suivra les procédés décrits dans le 1ᵉʳ Cours, page 212.

§ 2.

N° 1. — SOLFÉGE EN CANON, DE SABBATINI, à trois parties, A, B, C.

Tableau **68**—*A* (2ᵉ Cours, N° 26—*A*).

Tableau 68—*A* (2ᵉ Cours, Nᵒ 26—*A*).

Nº 6. — SOLFÉGE EN CANON DE SABBATINI, à trois parties, A, B, C.

Allegretto.

Tableau 68—*A* (2ᵉ Cours, Nº 26—*A*).

Tableau 68—*A* (2ᵉ Cours, Nᵒ 26—*A*).

Nᵒ 3. — AIR EN CHOEUR à trois parties,

PARTITION pour les Tableaux 45 (tierces) et 55 (sixtes) avec le Tableau actuel.

(B. W.)

Tableau 68—*A* (2ᵉ Cours, Nᵒ 26—*A*).

Tableau 68—*A* (2ᵉ Cours, Nᵒ 26—*A*).

TABLEAU 68—B.

§ 1.

REMARQUES SUR LE DÉPLACEMENT DU SCANDÉ
DANS UNE MÊME ESPÈCE DE MESURE.

*— On vous a fait connaître l'effet que produit le déplacement du scandé entre des croches de même vitesse, selon qu'elles se rencontrent dans le $\frac{6}{8}$, le $\frac{2}{4}$ ou le $\frac{3}{4}$ (Tableau 37, 1ᵉʳ Cours).

1. Vous allez remarquer sur ce tableau l'effet du déplacement du *scandé* dans une même espèce de mesure, selon que *l'attaque* se fait à telle ou telle portion de temps.

(Faire remarquer que, quoique la succession diatonique soit la même partout, le scandé arrive à des notes différentes selon la portion de temps où commence l'attaque.)

N. B. Les notes du scandé ont une double queue crochée.

Tableau 68—B (2ᵉ Cours, Nº 26—B).

§ 2.

SOUS-DIVISIONS A FAIRE DANS LES TEMPS
POUR LES PASSAGES DIFFICILES.

2. Pour faciliter l'exécution musicale, la décomposition des temps en demi-temps ou en quarts de temps est généralement bonne, quand elle ne détruit pas l'effet du *scandé*.

a. Ainsi, 1° la mesure à 4 temps très lents peut se décomposer, par la pensée, en deux mesures à 4 temps avec ♩ par temps. Exemple :

(A Faire lire et solfier, 1° d'après la décomposition indiquée, 2° à quatre temps *Largo.*)

* —Pareillement, comme on l'a déjà vu, le ₵ et le $\frac{2}{4}$ qui sont à deux temps, peuvent se décomposer en quatre temps.

Tableau **68**—*B* (2ᵉ Cours, N° 26—*B*).

3. Le $\frac{3}{4}$ fort lent peut se décomposer, par la pensée, en deux mesures à $\frac{3}{8}$. Exemple :

a. *N. B.* Mais il faut éviter les transformations qui dénaturent le caractère et l'expression propre de certaines mesures, comme serait le $\frac{6}{8}$ transformé en deux $\frac{3}{8}$.

(Cette différence, qui est peut-être délicate à saisir dans certains cas, n'en est pas moins réelle.)

Tableau 68—*B* (2ᵉ Cours, Nᵒ 26—*B*).

TABLEAU 69.

SUITE DE LA TROISIÈME ÉTUDE DE L'INTERVALLE D'OCTAVE.

N° 4. — Solfége en Canon, de Sabbatini, à deux parties, A et B.

Tableau 69 (2ᵉ Cours, N° 27).

Tableau 69 (2ᵉ Cours, Nᵒ 27).

N° 5. — Solfége en Canon, de Sabbatini, à trois parties A, B, C.

Tableau 69 (2e Cours, N° 27).

Nº 6. A *Capella*. Dans la musique écrite à *Capella*, la mesure à deux temps, d'un mouvement modéré, s'indique par le Ȼ. On nomme alors *case* ou *caselle*, l'espace compris entre deux barres, mais il n'en faut pas moins battre autant de mesures à deux temps qu'il y a de rondes ; ainsi, dans le morceau suivant, la ronde *fa* durera les deux temps de la première mesure, la ronde *ut* durera les deux temps de la seconde mesure, etc.

Nº 6. — Solfége en Canon, de Sabbatini, à trois parties A, B, C.

Tableau 69 (2ᵉ Cours, Nº 27).

TABLEAU 70 — *A.*

DIFFÉRENCE ENTRE LES INTERVALLES SIMPLES ET LES INTERVALLES COMPOSÉS OU MULTIPLES.

1. Les intervalles qui ne dépassent pas l'octave sont des intervalles *simples ;* ceux qui excèdent l'octave s'appellent, en général, intervalles *composés* ou *multiples.*

2. L'intervalle augmenté d'une seule octave se nomme intervalle *redoublé ;* augmenté de deux octaves, il est *triplé.*

3. Par conséquent : 1° les *secondes*, *tierces*, *quartes*, *quintes*, *sixtes* et *septièmes* sont des intervalles *simples.*

2° L'octave est à la fois le plus grand des intervalles simples et le *redoublement* de l'unisson.

3° De la neuvième à la quatorzième, les intervalles sont *redoublés ;* la quinzième (double octave) termine les intervalles *redoublés*, et commence les intervalles *triplés* (comme unisson triplé). Exemple :

(Faire lire à la suite le nom de l'intervalle composé et celui de l'intervalle simple dont il est le redoublement, comme neuvième, seconde redoublée, etc.)

Tableau **70—*A*** (2e Cours, N° 28—*A*).

4. A vue de musique, on trouve le nom d'un intervalle *redoublé* en ajoutant le nombre sept, au chiffre nominal de l'intervalle *simple* que formeraient les deux notes si elles étaient rapprochées.

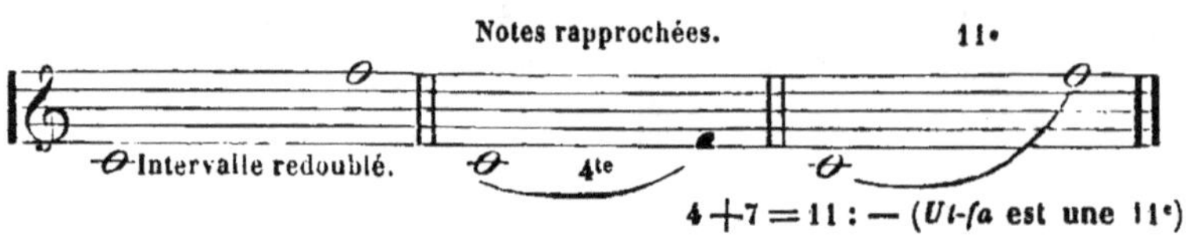

(1° Faire remarquer qu'en rapprochant mentalement les deux notes *ut-fa* de l'intervalle redoublé on obtient la quarte *ut-fa*.

2° Toucher quelques autres exemples sur la main , comme *ré* sous le petit doigt et *la* au-dessus du pouce, qui, rapprochés, donnent la quinte 

Or 5 + 7 = 12 ; donc les deux notes touchées d'abord donnaient une douzième, redoublement de la quinte.)

* — Si l'on vous nomme un intervalle *multiple*, vous trouverez son intervalle *simple* en retranchant de l'intervalle multiple tous les 7 qui y sont contenus ; Exemple : de 17 (la dix-septième) ôtez 14 reste 3 : donc l'intervalle simple d'une *dix-septième* est la *tierce*.

(Demander ainsi les intervalles simples d'autres intervalles multiples.)

* — Réciproquement, si l'on vous nomme un intervalle *simple*, vous trouverez son multiple en ajoutant une ou plusieurs fois 7 au chiffre nominal de l'intervalle simple.

Exemple : 2 + 7 = 9 : donc la *neuvième* est le redoublement de la *seconde*.

(Demander le redoublement de la quarte , de la quinte , etc.)

Tableau **70**—*A* (2ᵉ Cours , Nᵒ 28 —*A*).

5. *Remarque.* L'intonation des *intervalles redoublés* est peu difficile à cause du rapport harmonique qu'ils ont avec leurs intervalles *simples,* et parce qu'ils ne contiennent en sus de ces intervalles simples que *l'octave* dont l'intonation vous est maintenant familière.

TABLEAU 70—B.

SOLFÉGE POUR L'INTONATION DES INTERVALLES REDOUBLÉS ET POUR QUELQUES PASSAGES CHROMATIQUES.

Nº 7. — SOLFÉGE DE SARTI.

Allegro. (Rendre compte des modulations et des intervalles redoublés.)

Tableau **70**—B (2ᵉ Cours, Nº 28—B).

Tableau **70**—*B* (2ᵉ Cours, Nᵒ 28—*B*).

Tableau **70**—*B* (2ᵉ Cours, Nº 28—*B*).

TABLEAU 71 — *A*.

§ 1.

REMARQUES ET EXERCICES SUR L'INTONATION DES INTERVALLES DIMINUÉS OU AUGMENTÉS.

1. Les intervalles *simples*, qui ont été analysés et étudiés comme *majeurs* ou *mineurs* (seconde, tierce, sixte, septième), peuvent se présenter encore comme *diminués* ou *augmentés*, ainsi qu'on va le voir dans la *table* ci-contre.

(1° Faire lire les titres supérieurs des accolades en allant de gauche à droite, et les titres inférieurs en revenant de droite à gauche, ce qui donne la suite des noms d'intervalles : *seconde*, *tierce*, *quarte*, *quinte*, *sixte*. (Lecture à faire dans la direction des flèches.)

2° Recommencer par la seconde pour nommer et montrer ses espèces et ses renversements, en disant : seconde diminuée, renversement de la septième augmentée, intervalles inusités (à montrer); seconde mineure, renversement de la septième majeure (à montrer); seconde majeure, renversement de la septième mineure (à montrer); seconde augmentée, renversement de la septième diminuée (à montrer) — Tierce diminuée, renversement de la sixte augmentée (à montrer); tierce mineure, renversement de la sixte majeure (à montrer); tierce majeure, renversement de la sixte mineure (à montrer); tierce augmentée, renversement de la sixte diminuée, intervalle inusité (à montrer);—Quarte diminuée, renversement de la quinte augmentée (à montrer); — Quinte juste, renversement de, etc., en examinant de la même manière les quintes, les sixtes et les septièmes (de droite à gauche de la table.)

Tableau 71—*A* (2ᵉ Cours, N° 29—*A*).

TABLE SYNOPTIQUE DES INTERVALLES SIMPLES (DIRECTS ET RENVERSÉS).

N. B. Les petites notes ● sont celles où conduisent diatoniquement les notes diésées et bémolisées.

Tableau **71**—*A* (2ᵉ Cours, Nº 29—*A*).

SECONDE				TIERCE				QUARTE		
Diminuée.	Mineure.	Majeure.	Augmentée.	Diminuée.	Mineure.	Majeure.	Augment.	Diminuée.	Juste.	Augmentée.
Augmentée.	Majeure.	Mineure.	Diminuée.	Augmentée.	Majeure.	Mineure.	Diminuée.	Augmentée.	Juste.	Diminuée.
SEPTIÈME				SIXTE				QUINTE		

2. La note qui forme un intervalle ou *diminué* ou *augmenté* s'entonne plutôt par rapport au son qui la suit que par rapport à la note qui la précède. EXEMPLES 1, 2, 3.

§ 2.

EXERCICE SUR LES INTERVALLES DIMINUÉS OU AUGMENTÉS.

(1° Faire nommer les intervalles diminués ou augmentés ; 2° Faire l'application de la remarque précédente. *N. B.* Les intervalles augmentés ou diminués sont marqués par ⌐⌐⌐ .)

Tableau 71—*A* (2ᵉ Cours , Nᵒ 29—*A*).

Tableau **71**—*A* (2e Cours, N° 29—*A*).

TABLEAU 71—*B*.

SOLFÉGE AVEC DES INTERVALLES DIMINUÉS ET DES INTERVALLES AUGMENTÉS.

N° 8. — Fragment d'un SOLFÉGE de M. CHELARD.

Tableau **71**—*B* (2ᵉ Cours, N° 29—*B*).

Tableau 71—B (2e Cours, No 29—B).

Tableau 71—*B* (2e Cours, No 29 — *B*).

Tableau **71**—*B* (2e Cours , N° 29 — *B*).

Tableau **71**—*B* (2ᵉ Cours, Nᵒ 29—*B*).

TABLEAU 72.

FIN DES SOLFÉGES DE LA DIVISION DES OCTAVES.

N° 9. — DUETTO DU SOLFÉGE D'ITALIE.

Tableau 72 (2ᵉ Cours, N° 30).

Tableau **72** (2ᵉ Cours, Nº 30).

(Voir, comme morceau d'exécution en grand chœur, la BARCAROLLE, page 177, et les TROIS GLOIRES, page 193.)

N. B. Voici l'indication de quelques leçons plus difficiles dans le solfége d'Italie, et dont on peut faire des copies in-folio : Nº 97, 101, 161, 203, 219, 223, 227 ; plus les duos, les 2e et 4e parties du Conservatoire, et les leçons les plus difficiles des solféges de MM. Fétis, Garaudé, etc.

AVIS IMPORTANT. Les élèves qui sont arrivés au degré actuel de lecture vocale, peuvent étudier avec fruit et agrément tous les morceaux qu'on voudra extraire pour eux des ouvrages religieux ou dramatiques anciens et modernes ; ils peuvent aussi se rendre utiles, soit dans les cérémonies religieuses, soit dans les solennités particulières des écoles. Outre le choix que chaque professeur saura faire, et en attendant les occasions d'exécution publique dont nous venons de parler, on recommande vivement ici l'étude des solféges à plusieurs voix, par M. Chelard, comme étant les plus propres à développer dans les élèves le goût de la bonne musique.

Quant aux deux Tableaux 73-*A* et *B*, ce sont des morceaux d'étude et de concours qui ne sont pas la suite immédiate du Tableau actuel.

Tableau 72 (2e Cours, Nº 30).

TABLEAU 73 — *A*.

PREMIER MORCEAU DE CONCOURS.

CHANGEMENTS DE CLEFS.

Morceau de Perne, composé pour les concours de solfége
au Conservatoire de Musique de Paris.

(Prendre la valeur d'une croche pour chaque sous-division de mesure.)

Tableau **73**—*A* (2ᵉ Cours, N° 31—*A*).   10

Tableau 75—*A* (2ᵉ Cours, Nᵒ 31— *A*).

Tableau **73**—*A* (2ᵉ Cours, Nᵒ 31—*A*).

TABLEAU 73—*B.*

DEUXIÈME MORCEAU DE CONCOURS.
CHANGEMENT DE CLEFS, DE MESURE ET DE MOUVEMENTS.

MORCEAU DE PERNE, composé pour les concours de solfége
au Conservatoire de Musique de Paris.

(Prendre la valeur d'une croche pour chaque sous-division de mesure.)

Tableau 73—*B* (2ᵉ Cours, Nᵒ 31—*B*).

FIN DU DEUXIÈME COURS ET DE LA MÉTHODE.

(Étudier en outre le premier Tableau complémentaire 1 - *A* et *B*, et lire le second (2-*A* et *B*) qui forment le complément du second et dernier Cours de la Méthode de lecture musicale de **M. B. WILHEM**.)

N. B. La table générale et synoptique des matières de la méthode forme un Tableau à part, qui est placé à la fin du 1ᵉʳ Cours.

Tableau **63**—*B* (2ᵉ Cours, Nᵒ 31—*B*).

NOTIONS THÉORIQUES.

§ 1.

ORIGINE ET GÉNÉRATION DES SONS DE LA GAMME DIATONIQUE.

(Développements annoncés dans le 1er Cours, Tableau 25-A.)

1. Le choix des sons du *système musical* (assemblage des sons de la musique) n'est point arbitraire : on découvre l'origine et la génération de ces sons dans un *fait* naturel et simple, mais qu'il faut savoir observer.

EXPÉRIENCES.

1re. Si l'on met en *vibration* (mouvement de va-et-vient) une corde instrumentale qui donne le *fa* grave de la *basse* cette seule corde fait entendre pleinement le son fondamental *fa*, et en outre, mais faiblement, les trois sons de l'accord parfait *fa-la-ut* aux distances notées ci-dessous.

(1° Montrer successivement les quatre notes *fa* (fondamental), *fa* (octave), *ut* (douzième), *la* (dix-septième); 2° Montrer l'accord des sons rapprochés en faisant remarquer que le *la* tierce est l'octave inférieure du *la* dix-septième ; 3° Solfier l'accord *fa-la-ut*.

N. B. La triple ronde *ooo* est le son fondamental et générateur, les autres notes *oo*, *o* et *•* sont entendues de plus en plus faiblement dans l'expérience.)

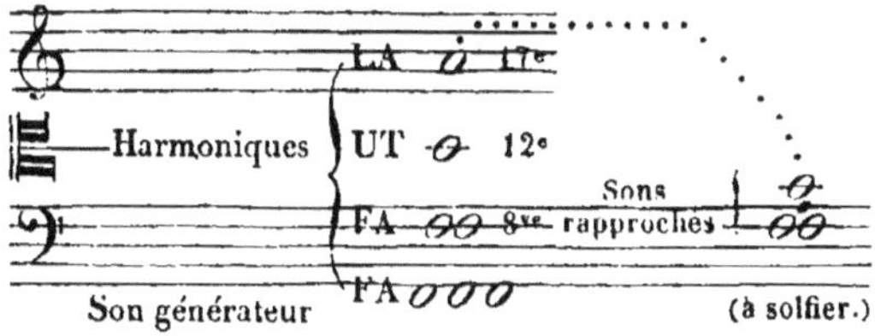

N. B. Dans le complément du *Guide*, on a décrit, page 106, les détails de cette expérience qui peut se faire sur le forté-piano.

Tableau complémentaire 1—*A* (2e Cours, N° 32—*A*).

a. Les sons qui co-existent (existent ensemble) de cette manière
avec un son grave, se nomment ses *harmoniques;* les *harmoniques* de
fa sont *fa-la-ut*, accord parfait de *fa*.

(à vérifier et à solfier.)

2° Pareillement, si l'on fait vibrer l'*ut*, quinte de l'accord précédent
(ou mieux sa double octave au grave, pour que les harmoniques soient
plus distincts), on obtient avec cet *ut*, devenu fondamental, l'accord
parfait, *ut-mi-sol*, produit comme ci-dessous.

1° Faire constater que l'*ut* pris pour générateur est la double octave au grave de
l'*ut*, quinte de l'accord précédent; 2° Procéder comme à la page précédente pour
le reste de l'examen.)

3ᵉ Enfin, et pareillement encore, si l'on part du *sol*, quinte de l'accord précédent (ou mieux, de son octave au grave), on produit l'accord de ce *sol* comme il suit :

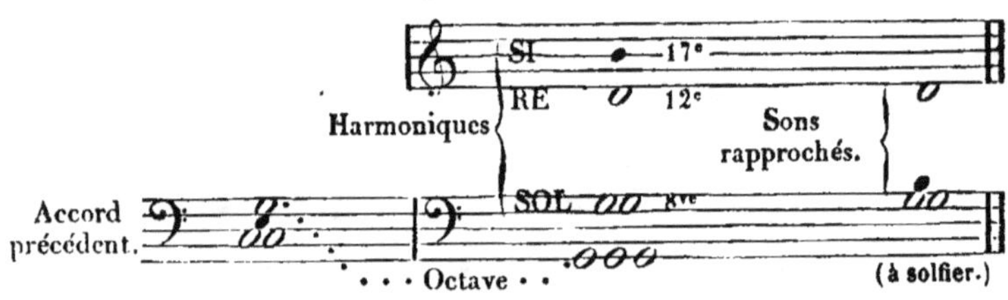

Etudes complémentaires **1**—*A* (2ᵉ Cours, Nᵒ 32—*A.*)

Études complémentaires **1**—*A* (2ᵉ Cours, N° 32—*A*.)

2. *Remarque.* Après avoir bien compris les expériences décrites aux pages précédentes, un résultat fort remarquable, et qui peut même causer quelque surprise, c'est que les trois accords successifs, *fa-la-ut, ut - mi - sol, sol - si - ré*, fournissent à eux seuls les huit notes de la *gamme diatonique : ut-ré-mi-fa-sol-la-si-ut*, de la manière suivante :

(Faire remarquer ci-dessous, 1° Que par rapport au ton d'*ut* les trois sons générateurs sont la tonique, sa quinte supérieure et sa quinte inférieure, qui devient la quatrième note dans l ordre diatonique ; 2° Faire nommer chaque note de la gamme en rappelant de quel accord elle est tirée, comme *ut*, d'*ut-mi-sol* ; *ré* de *sol si-ré-mi*, d'*ut-mi-sol*, etc.)

*—Mais la gamme d'*ut*, dont vous venez de découvrir l'origine, n'est qu'un cas particulier, et le plus simple par sa notation ; voici la règle générale :

3. RÈGLE GÉNÉRALE. Toute gamme majeure est le produit harmonique des trois notes I-IV-V.

EXEMPLES.

1° Faire revoir, dans l'exemple ci-dessus, que les deux notes *fa* et *sol* sont les quintes de la tonique *ut*, mais que la quinte inférieure (*fa*) vient prendre le rang de IV° note dans l'ordre diatonique *ut-ré-mi-fa*, etc. 2° Constater dans les exemples suivants que les huit notes de chaque gamme proviennent bien de l'accord parfait de l'une des trois notes I-IV-V ; on dira, par conséquent (pour la gamme de *sol*) : *sol*, de *sol-si-ré* ; *la*, de *ré-fa-la* ; *si*, de *sol-si-ré* ; 3° Faire remarquer que les ♯ et les ♭ *constitutifs* sont ainsi fournis dans chaque gamme par les trois accords générateurs.

Études complémentaires 1 — *A* (2° Cours. N° 32 — *A*).

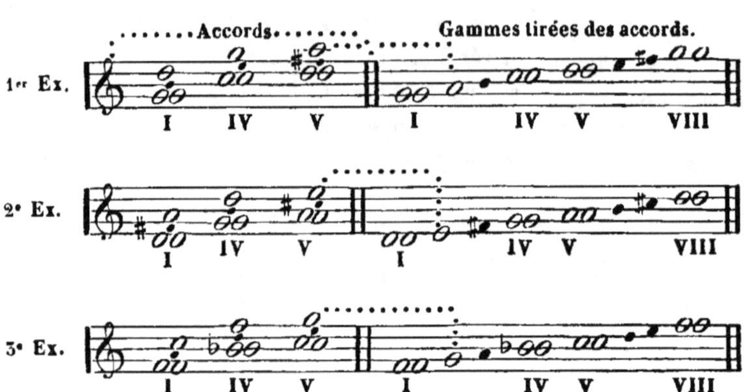

4. Les trois notes génératrices d'une gamme (I - IV - V) s'appellent *notes tonales* parce qu'elles déterminent le *ton*.

I IV V

a. Ainsi en *ut*, les notes *tonales* sont *ut - fa - sol*, les notes *tonales* en *sol* sont *sol-ut-ré*.

5. Le retour fréquent des notes *tonales* établit ce que l'on appelle la *tonalité* d'un morceau de musique.

*—Remarque. La tonalité produit une impression si positive qu'un intervalle agréable en lui-même (la tierce majeure par exemple) devient tout à coup choquant et inchantable, s'il cause une brusque sortie du ton. Exemple :

---

(1) On ne parle ici que des difficultés d'intonation que présente la mélodie seule et sans que l'oreille soit aidée par un accompagnement, car il est des ressources d'harmonie qui peuvent donner un *ton* déterminé au chant le plus vague.

Études complémentaires (2e Cours, N° 32 — *A*).

*— *N. B.* La tonalité est détruite dans cette progression de tierces majeures par l'altération des trois notes tonales *(ut-fa sol);* mais de pareilles successions, de tels contre-sens ne se rencontrent pas plus en musique que l'on ne trouverait en français, *c'est Dieu qui fasse le monde,* parce qu'il y a aussi une grammaire musicale (science de la construction mélodique et harmonique du discours musical).

6. OBSERVATION. Par une conséquence de la *tonalité,* toute mélodie se termine sur la tonique et commence par l'une des notes de l'accord parfait de cette tonique. Exemple.

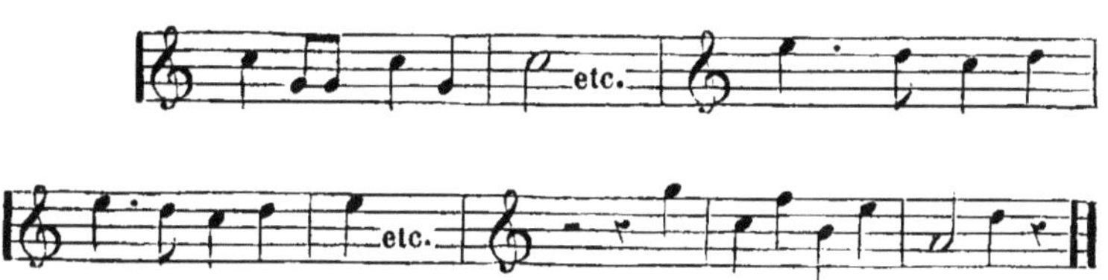

*— Les tons ou modes du plain-chant (chant ecclésiastique) diffèrent essentiellement des tons et des modes de la musique profane, parce que les anciens ne connaissaient pas la tonalité qui régit les compositions modernes.

7. On va composer de nouveau des gammes sur l'*Indicateur-Vocal* par la pose des harmoniques des trois notes tonales.

(1° Poser les trois notes tonales et leurs quintes justes.
2° Poser les tierces majeures des trois notes tonales pour avoir l'armure du mode majeur, ou les tierces mineures pour avoir l'armure du mode mineur.)

Voir les ouvrages sur le Plain-Chant, et, entre autres, *Traité théorique et pratique du Plain-Chant*, par l'abbé POISSON; *Traité historique et pratique sur le Chant ecclésiastique*, par l'abbé LEBEUF ; *Manuel de Plain-Chant*, par M. A. MINÉ ; et surtout la *Nouvelle Méthode de Plain-Chant*, à l'usage de toutes les églises de France , par M. MATHIEU, ex-maître de chapelle, ouvrage complet et qui est de la plus haute importance.

Etudes complémentaires (2ᵉ Cours N° 32—*A*).

§ 2.

ORIGINE ET GÉNÉRATION DES SONS DE LA GAMME CHROMATIQUE.

1. La génération successive des trois accords parfaits majeurs : *fa la-ut, ut-mi-sol, sol-si-ré*, a fourni les huit sons de la gamme diatonique ; cherchons actuellement les nouveaux accords qui pourront être produits de la même manière à partir du *ré*, dernière note des trois premiers accords ci-dessous.

(1° Rappeler que les harmoniques d'une note sont sa tierce majeure et sa quinte juste ; que les seules notes *ut-fa-sol* (noms des clefs) ont leurs tierces majeures en notes naturelles, et que, par conséquent, la tierce majeure des autres notes doit être diésée (*ré-fa* ♯, *mi-sol* ♯, *la-ut* ♯, *si-ré* ♯) ; rappeler enfin que dans une quinte juste, les deux notes sont naturelles, ou diésées ou bémolisées (excepté *si-fa* ♯ et *si* ♭-*fa* ♮.)

2° Procédé de lecture pour l'exemple ci-dessous.

De la première à la dernière mesure, chaque élève devra lire à son tour en disant : N° 1, harmoniques de *fa* ; *fa-la* tierce majeure, *fa-ut* quinte juste ;— (l'élève suivant), N° 2, harmoniques d'*ut* : *ut-mi* tierce majeure, *ut-sol* quinte juste ; — (suivant), N° 3, harmoniques de *sol* : *sol-si* tierce majeure, *sol-ré* quinte juste ;— (suivant), N° 4, harmoniques de *ré* : *ré-fa* ♯ tierce majeure, *ré-la* quinte juste ;— (suivant). N° 5, harmoniques de *la* : *la-ut* ♯ tierce majeure, *la-mi* quinte juste ; et ainsi de suite jusqu'au treizième accord dont l'identité avec le premier sera constaté en disant : *mi* ♯ = *fa* ♮ , *sol* ♯ = *la*, *si* ♯ = *ut* ♮.)

Après cet accord reviendrait le 2ᵉ, puis le 3ᵉ, etc.

Études complémentaires **1** — *A* (2ᵉ Cours, N° 32 — *1*).

2. C'est par enharmonie que la treizième mesure ci-contre est redevenue la première.

(A vérifier.)

a. Lisons ci-dessous et page suivante la même succession d'accords, et effaçons à mesure toutes les notes qui se présenteront pour la deuxième ou la troisième fois.

N. B. Les notes qu'il faudrait effacer sont encadrées (□).

(Procédé pour faire constater par les élèves le double emploi que produiraient les notes effacées (encadrées). — A partir de la quatrième *mesure*, ils diront : (premier élève) *ré* déjà trouvé dans l'accord *sol-si-ré*, N° 3, *fa* ♯ note nouvelle; *la* déjà trouvé dans l'accord *fa-la-ut*, N° 1. — (Suivant) cinquième *mesure* : *la* déjà trouvé dans l'accord *fa-la-ut*, N° 1; *ut* ♯ note nouvelle; *mi* déjà trouvé dans l'accord *ut-mi-sol*, N° 2. — (Suivant) sixième *mesure* : *mi* déjà trouvé dans l'accord *ut-mi-sol*, N° 2; *sol* ♯ note nouvelle; *si* déjà trouvé dans l'accord *sol-si-ré*, N° 3. — (Suivant) septième *mesure* : *si* déjà trouvé dans l'accord *sol-si-ré*, N° 3; *ré* ♯ note nouvelle, *fa* ♯ déjà trouvé dans l'accord *ré-fa* ♯-*la*, N° 4; et de même jusqu'au *fa* ♯ note nouvelle ou enharmonique de *sol* ♮ déjà trouvé, troisième mesure, dans l'accord *sol-si-ré*; *la* ♯ déjà trouvé dans l'accord *fa* ♯- *la* ♯- *ut* ♯, N° 8. — (Suivant) douzième *mesure* : *la* ♯ déjà trouvé dans l'accord *fa* ♯- *la* ♯-*ut* ♯, N° 8; *ut* ♯ note nouvelle ou enharmonique de *ré* ♮, déjà trouvé dans l'accord *sol-si-ré*, N° 3 *mi* ♯ note nouvelle ou enharmonique de *fa* ♮ déjà trouvé dans l'accord *fa-la-ut*, N° 1. — (Suivant) treizième *mesure* : *mi* ♯-*sol* ♯-*si* ♯ accord enharmonique du premier accord *fa-la-ut* d'où l'on est parti et après lequel reviendrait le N° 2. (*ut-mi-sol*), puis le N° 3 (*sol-si-ré*), etc.

Études complémentaires **1—** *A* (2ᵉ Cours 32-*A*).

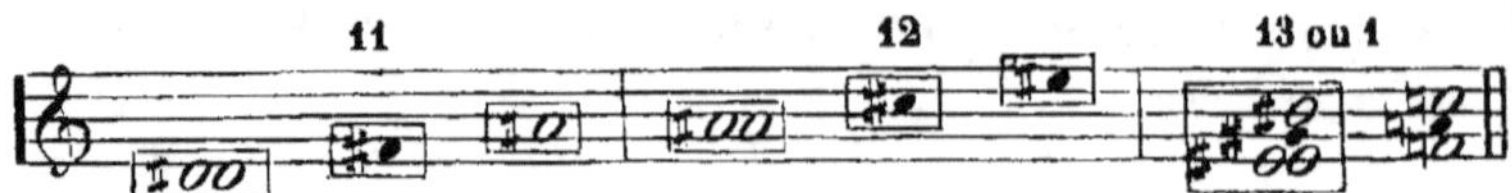

3. En supprimant ci-dessus toutes les notes doubles ou triples, il ne reste à découvert que les sons *fa* ♯, *ut* ♯, *sol* ♯, *ré* ♯, *la* ♯; or ces cinq notes nouvelles, intercalées à leur rang entre les huit notes naturelles de la gamme diatonique, fournissent toutes les nuances de la gamme *chromatique ascendante*; et aussi, par substitution enharmonique, les notes de la gamme *chromatique descendante*.

EXEMPLE.

(1° Faire remarquer la substitution enharmonique *la* ♯ = *si* ♭ etc. 2° Faire lire, de gauche à droite pour la gamme ascendante, et de droite à gauche pour la gamme descendante.)

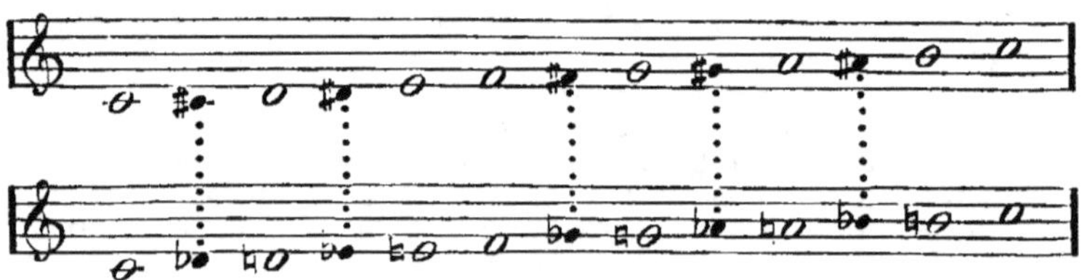

b. Telle est l'origine et la génération des douze sons élémentaires du système musical; on les a vus naître les uns des autres : ils offrent au musicien ce que la palette chargée de couleurs donne au peintre, et, pour nous transmettre ses plus sublimes inspirations, l'homme de génie n'en demande pas davantage!

4. *Remarques.* Un nouvel examen des douze accords précédents motivera aussi l'ordre des quintes dans lequel on a fait apprendre les dièses *constitutifs (fa-ut-sol-ré-la-mi-si)*, puisque c'est l'ordre de leur production originaire.

(Vérifier cet ordre originaire des dièses en allant de la quatrième à la dixième mesure.)

Études complémentaires *1—A* (2ᵉ Cours, Nᵒ 32—*A*).

a. Et pareillement, pour vérifier que l'ordre des *bémols constitutifs* est l'inverse de celui des dièses, il suffit d'établir les substitutions enharmoniques comme il suit :

(1° Constater les substitutions enharmoniques en passant de chaque note ♦ de la
première ligne à la note ♦ correspondante de la deuxième ligne. 2° Faire nommer
les bémols, deuxième ligne dans l'ordre rétrograde $\quad \begin{array}{ccccccc} 1^{er} ♭ & 2^e & 3^e & 4^e & 5^e & 6^e & 7^e \\ si & - mi - la - ré - sol - ut - fa \end{array}$
2° Faire remarquer que les substitutions enharmoniques n'amènent le premier bé-
mol qu'à partir de la huitième mesure, puisque, dans les mesures dix et neuf,
si ♯ = *ut* ♮, et *mi* ♯ = *fa* ♮.

N. B. On peut également amener l'ordre des ♭ par une succession d'accords parfaits dont les toniques se succèdent de *quinte* en *quinte* descendante (ou de *quarte*
en *quarte* ascendante), à partir d'*ut*. Exemple : *ut* - *fa* - *si* ♭ - *mi* ♭ - *la* ♭ - *ré* ♭ -
sol ♭ - *ut* ♭ - *fa* ♭ ; mais cette manière de procéder eût été sans liaison intime avec
ce qui précède dans le tableau, et aurait rompu l'unité et la simplicité de vue sous
lesquels on s'est efforcé de satisfaire ici messieurs les professeurs, en exposant
d'une manière analytique et frappante une matière fort ardue, et l'une des notions
les moins faciles à faire descendre jusque dans les écoles élémentaires.

APERÇUS HISTORIQUES,

EN DEUX PARAGRAPHES.

AVIS. Les deux paragraphes de ce Tableau ne sont pas dressés pour être donnés en lecture aux jeunes élèves ; mais ils seront peut-être parcourus avec intérêt par quelques-uns de MM. les professeurs, parce que, indépendamment de *l'aperçu historique* suivant qui pourra être étudié par les moniteurs -généraux , on trouve, dans le 2ᵉ paragraphe, des renseignements exacts et utiles sous le rapport des procédés de l'ancienne *solmisation* par *muances* sur la *main harmonique*, comparée à la solmisation diatonique et chromatique sur les *mains musicales* de l'auteur de la méthode B. Wilhem.

§ 1.

PROGRÈS DE LA NOTATION MUSICALE.

Tétracordes grecs et première formation du Plain-Chant, par saint Ambroise , et par saint Grégoire. — Lettres employées comme signes de la notation musicale. —Gui d'Arezzo, fondateur du système moderne.

1. Tout intervalle musical qui comprend d'autres intervalles (comme la tierce qui comprend la seconde , la quarte qui comprend la seconde et la tierce , etc.) se nomme *système* (assemblage).

a. L'octave est un *système* de cinq tons et de deux demi-tons : la gamme chromatique est un *système* de douze demi-tons ; le *système* général de la musique moderne embrasse huit octaves et demie (soixante notes diatoniques).

Études complémentaires **2—***A* (2ᵉ Cours , Nᵒ 33—*A*).

(Cette étendue de huit octaves et demie est comprise entre l'*ut* grave d'un tuyau d'orgue de trente-deux pieds de haut, et le *fa* aigu du plus petit tuyau de cet instrument.)

2. La musique moderne dérive de la musique ancienne , et la notation actuelle a été préparée par des usages antérieurs.

a. Un aperçu historique des anciens usages de la notation est donc nécessaire aujourd'hui pour mieux comprendre l'emploi que l'on fait encore de quelques-uns des termes et des signes de cette notation.

3. On nommait *tétracorde* un assemblage de *quatre cordes (tetra,* mot grec qui signifie *quatre).*

a. Le *tétracorde* était une sorte de demi-gamme qui , reproduite plusieurs fois de suite , formait le système de la musique des Grecs (voir la succession des *tétracordes,*page 163 de ce 2ᵉ Cours).

4. Au commencement de l'ère chrétienne (depuis la naissance de Jésus-Christ), on forma les morceaux de chant ecclésiastique avec des fragments de la musique grecque.

a. L'invention du *plain - chant* (chant plane , uni) est attribuée à saint Ambroise (évèque de Milan vers la fin du quatrième siècle), parce qu'il donna le premier une forme et des règles au chant ecclésiastique.

b. Saint Grégoire , pape , réforma le *plain-chant* deux siècles après ; depuis ce temps , l'église distingue le chant ambroisien et le chant grégorien. Le dernier des deux a prévalu sous le nom de *chant romain.*

5. Les Grecs avaient écrit leur musique avec les lettres de leur alphabet, placées sur les syllabes pour en marquer l'intonation ; les Latins firent de même ; mais saint Grégoire réduisit aux sept premières lettres l'emploi de ces signes de notation , parce qu'il remarqua que l'ordre des sons était le même de sept en sept degrés.

a. Les lettres étaient grandes (A), petites (a) ou redoublées (aa), selon l'octave que l'on voulait indiquer.

(Voir l'emploi de ces lettres, page 171, sous leurs notes correspondantes.)

6. *Guido* (Gui d'Arezzo), moine du onzième siècle, né à *Arezzo*, petite ville de Toscane, est regardé comme le fondateur du système moderne.

7. *Gui d'Arezzo* simplifia l'écriture musicale, régularisa le mode d'enseignement, donna plus d'étendue au système vocal, et établit une nouvelle *solmisation* (manière de nommer les sons [1]).

8. Avant *Gui d'Arezzo*, les lettres choisies pour l'écriture musicale se plaçaient déjà sur des lignes de portée, mais non dans les interlignes; *Gui* commença, dit-on, par transporter les lettres en tête de chaque ligne et par consacrer l'usage des *points* ou *notes* pour représenter les sons.

a. Plus tard, il réduisit le nombre des lignes en plaçant les notes aussi bien dans les espaces que sur les lignes, et il ne conserva en tête de la grande portée que les trois lettres F , C , G.

b. C'est de la forme, du nom et de l'usage des lettres F , C , G , que les trois clefs ⎰ tirent leur forme primitive, leur nom et leur usage.

9. *Gui* ajouta une note au grave du système des Grecs, et il fit compter par *hexacordes* (six cordes ou notes) au lieu de compter par *tétracordes*. La note ajoutée étant l'octave du G, il la désigna par le G grec nommé *gamma* (Γ), et du nom de cette première note *gamma*, la succession élémentaire des sons prit dès lors le nom de *gamme*.

---

(1) Quelques-unes des inventions attribuées à Gui d'Arezzo lui sont contestées

Etudes complémentaires **2** —*A* (2ᵉ Cours, Nᵒ 33 —*1*).

a. Le verbe *solmiser* et le substantif *solmisation* ont une origine semblable, car ils viennent du nom des notes *sol* et *mi* qui sont placées aux deux extrémités du premier *hexacorde* de Gui d'Arezzo (voir ce premier *hexacorde* grave, notes 1 à 6, exemple de la page 171).

10. En faisant chanter à ses élèves la première strophe de l'hymne de saint Jean-Baptiste :

C	D
UT queant laxis —	*REsonare fibris*
E	F.
MIra gestorum —	*FAmuli tuorum*
G	A
SOLve polluti —	*LAbii reatum*

Gui d'Arezzo remarqua : 1° que la première syllabe des six portions de cette strophe est différente (à vérifier ci-dessus); 2° que sur chacune de ces syllabes il y avait, dans l'hymne, une lettre et par conséquent un son différent (à vérifier), et il eut l'idée fort ingénieuse de donner aux sons C, D, E, F, G, A, le nom des syllabes correspondantes : UT-RÉ-MI-FA-SOL-LA.

11. *Remarque.* Quoique le son B (*si*) existât dans le système, Gui ne lui assigna pas de syllabe particulière; ce son était appelé B *dur*, B *carré* (♮), quand on le prenait un ton au-dessus du *la*, et on le nommait B *mol* (♭) quand on passait du *la* au *si* baissé (*si* ♭).

a. La syllabe *si* a été ajoutée plusieurs siècles après Gui, lorsque l'on abandonna totalement le chant par muances et la division par hexacordes pour reprendre celle de l'octave[1].

---

(1) Les demi-tons ascendants *si-ut*, *ut* ♯ *-ré*, etc., se solfiaient avec les notes et l'intonation *mi-fa*, et les demi-tons descendants *ut-si*, *la* ♭ *-sol*, etc , avec les notes et l'intonation *fa-mi*; cela s'appelait chanter par muances.

Études complémentaires **2—*A*** (2ᵉ Cours, Nᵒ 33—*A*).

12. Malgré l'adoption presque générale des syllabes de *Gui d'Arezzo*, les lettres grandes, moyennes et petites n'en furent pas moins conservées dans certains cas pour désigner à quelle octave du clavier appartenaient les notes exprimées par les syllabes *ut-ré-mi*, etc.

C, par exemple, indiquait uniquement l'*ut* grave

petit c, l'*ut* médium

et cc l'*ut* aigu

a. Les dénominations C *sol-ut*, F *ut-fa*, G *ré-sol*, et autres plus ou moins composées, ont vieilli, quoiqu'on les rencontre encore quelquefois [1].

13. Pendant long-temps les notes n'eurent d'autre valeur que la durée, longue ou brève, des syllabes sur lesquelles on les plaçait; mais peu à peu les moyens d'exécution s'étant perfectionnés, on désigna la durée des sons et celle des silences équivalents par les figures que voici:

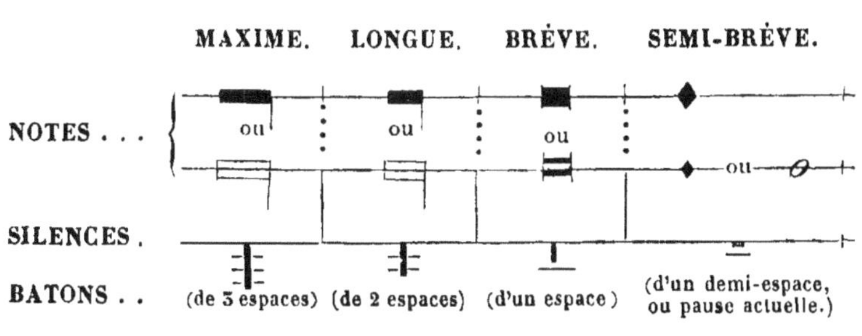

---

(1) On se sert encore quelquefois des lettres pour solfier, soit en Allemagne, soit en Angleterre, et les facteurs d'orgue, de piano, etc., marquent sur les instruments les notes de toutes les octaves par les simples lettres A, B, C, D, etc. A s'écrit pour *la*, A ♯ pour *la* ♯, C pour *ut*, etc.

Études complémentaires **2—***A* (2ᵉ Cours, N° 33—*A*).

a. La longue, la brève et la semi-brève (points noirs) sont encore employées dans le *plain-chant*.

b. La ronde (o), semi-brève de l'ancienne musique, est la première figure de la musique moderne. C'est pourquoi la o, qui marque maintenant une assez longue durée, indique cependant une durée *brève* dans les compositions anciennes ou dans la musique composée, de nos jours, dans le style ancien.

c. Les mots *Alla breve* s'emploient pour annoncer une sorte de mesure à deux temps assez vite et qui se note avec une ronde ou semi-brève par temps.

§ 2.

RECHERCHES SUR LA MAIN HARMONIQUE DES ANCIENS.

Différence entre la solmisation par muances sur la main ancienne et la solmisation diatonique et chromatique sur les mains musicales, par B. WILHEM.

14. J.-J. Rousseau attribue à *Guido d'Arezzo* (XIᵉ siècle) l'invention de la *main harmonique* ; mais, au rapport du prince-abbé Gerber, et d'après nos propres recherches, il paraît que les deux principaux auteurs où il est question de la main pour expliquer et pratiquer le système de Guido, sont : Elie Salomon, qui florissait en 1274, et Engelbert qui mourut en 1331. Avant eux, le système de Guido portait l'épithète de *monochorde*.

15. La *main harmonique* et ses usages sont parfaitement décrits dans le premier des traités de *J. Teinturier,* dit *Tinctor*, de son nom latinisé (1740). Dans ce traité, composé de 9 chapitres, l'auteur montre d'abord les *places*, lieux où les sons étaient fixés sur la main, puis il explique les *propriétés*, les *déductions*, les *muances*, les *conjonctions*.

> (**Voir ces mots**, et l'article *main harmonique*, dans le *Dictionnaire de Musique* de M. Castil-Blaze.)

a. Pour faire comprendre l'importance des études de la *main harmonique*, Tinctor s'exprime ainsi, en terminant son traité : « Cette exposition de la main suffit aux jeunes gens, et je les exhorte à l'étudier « comme étant la base de la musique, car, de même que la saine raison « nous enseigne que l'on ne peut bâtir là où manquent les fondations, de « même, sans la parfaite connaissance de la main, on ne peut devenir « un habile musicien. »

a. Cette théorie et cette pratique de la *main harmonique,* si vivement recommandée par *Tinctor*, sont aujourd'hui fort inutiles; cependant, à cause des *mains musicales* proposées dans la méthode actuelle, il peut encore être curieux de voir en quel ordre on touchait les notes sur la main ancienne.

---

(1) L'exemplaire des traités manuscrits de Tinctor forme un recueil extrêmement précieux sous beaucoup d'autres rapports. Le traité dont il s'agit a pour titre : *Expositio manùs secundùm magistrum Joh. Tinctorem* (voir l'article *Tinctor* dans le *Dictionnaire historique des Musiciens*, Paris, 1811).

Études complémentaires **2—*B*** (2ᵉ Cours, Nᵒ 33—*B*).

AVIS. 1° En suivant ci-dessous, dans l'ordre numérique des chiffres 1 à 20, les lignes ponctuées le long des cinq lignes perpendiculaires qui indiquent les cinq doigts de la main harmonique des anciens, on connaîtra l'ordre dans lequel les notes se touchaient avec l'index de la main droite aux phalanges de la main gauche pour solfier les vingt notes du système de Gui d'Arrezzo — 2° Sous cette représentation de la main, on verra ensuite les mêmes sons notés à leur véritable degré sur la portée générale divisée en tétracordes.

N. B. Le nom grec de chaque tétracorde indique la position relative de ce tétracorde et son caractère mélodique. — 3° A la page 172, on trouvera le dessin de l'Indicateur-Vocal, et, dessous, la main musicale de la Méthode Wilhem mise en rapport avec les compartiments où se posent, sur l'Indicateur, les notes naturelles, diésées ou bémolisées.

POSITION DES NOTES

SUR LA MAIN HARMONIQUE DES ANCIENS.

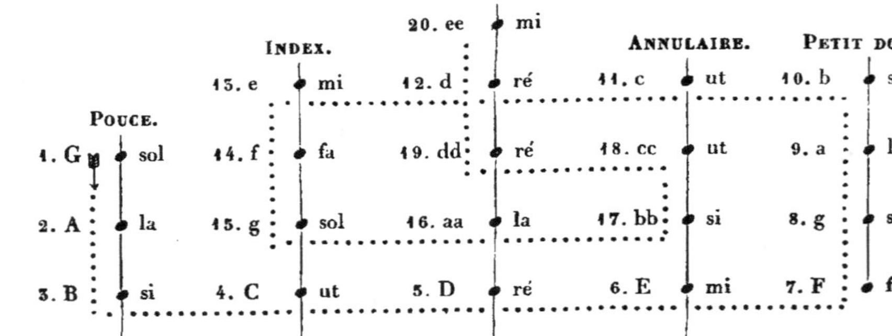

N. B. 1° Les chiffres et les noms 1 *sol*, 2 *la*, indiquent le rang et le nom simple des sons;

2° Chaque chiffre correspond à la note de même degré dans les tétracordes grecs ci-dessous.

Études complémentaires **2— *B*** (2ᵉ Cours, Nᵒ 33—*B*).

ÉTENDUE DU SYSTÈME DES TÉTRACORDES GRECS, SELON ARISTIDE QUINTILIEN.

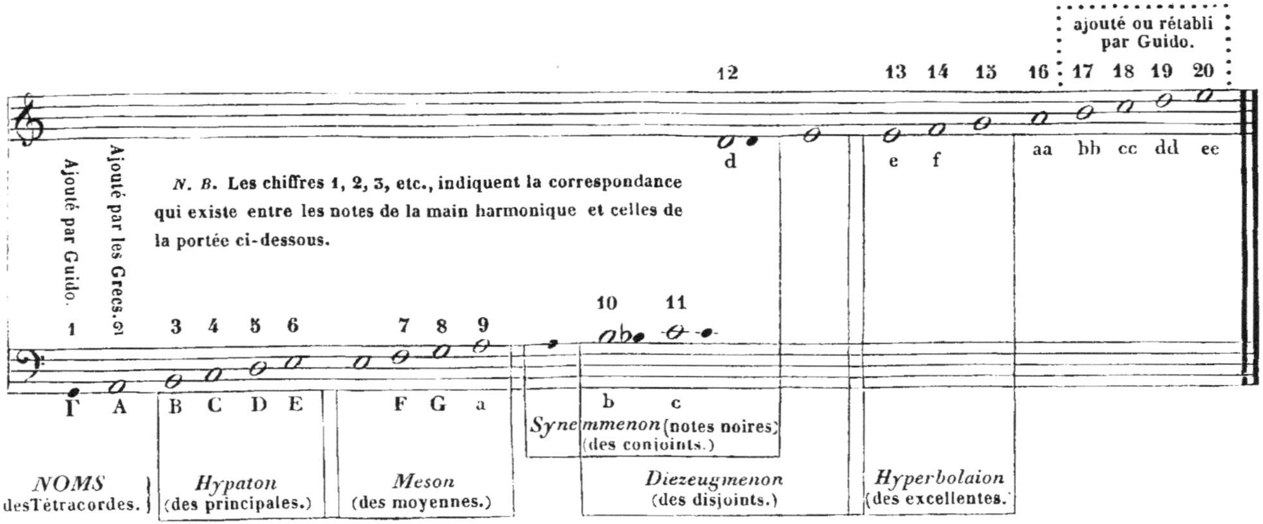
ajouté ou rétabli par Guido.
1 2 3 4 5 6 7 8 9 10 11 12 13 14 15 16 17 18 19 20
Ajouté par Guido.
Ajouté par les Grecs.
N. B. Les chiffres 1, 2, 3, etc., indiquent la correspondance qui existe entre les notes de la main harmonique et celles de la portée ci-dessous.
Γ A B C D E F G a b c d e f aa bb cc dd ee
NOMS des Tétracordes.
Hypaton (des principales.)
Meson (des moyennes.)
Synemmenon (notes noires) (des conjoints.)
Diezeugmenon (des disjoints.)
Hyperbolaion (des excellentes.)

Remarque. Deux tétracordes sont *conjoints* lorsque le deuxième commence par la note qui termine le premier (comme le *meson* par rapport à *l'hypaton*); mais le *diezeugmenon*, qui commence par *si*, est *disjoint* par rapport au *meson* qui se termine par *la*. — *N. B.* La gamme diatonique (*ut*, *ré*, *mi*, *fa*, — *sol*, *la*, *si*, *ut*) comprend deux tétracordes *disjoints* et parfaitement semblables (deux tons et un demi-ton); mais, en transposant à l'octave un de ces tétracordes, on a deux tétracordes conjoints (*sol*, *la*, *si*, *ut*, — *ut*, *ré*, *mi*, *fa*).

DESSIN DE L'INDICATEUR-VOCAL,

Avec compartiment bémolisé, naturel et diésé pour y poser
des NOTES MOBILES.

NOTES BÉMOLISÉES.	NOTES dites NATURELLES.	NOTES DIÉSÉES.
♭	♮	♯
o	o	o
—	—	—
o	o	o
o	o	o
o	o	o
o	o	o
o	o	o
o	o	o
—	—	—
o	o	o

N. B. Les clefs mobiles se posent en tête des lignes (Tabl. 42, 1ᵉʳ Cours, et *Guide*, page, 57.)

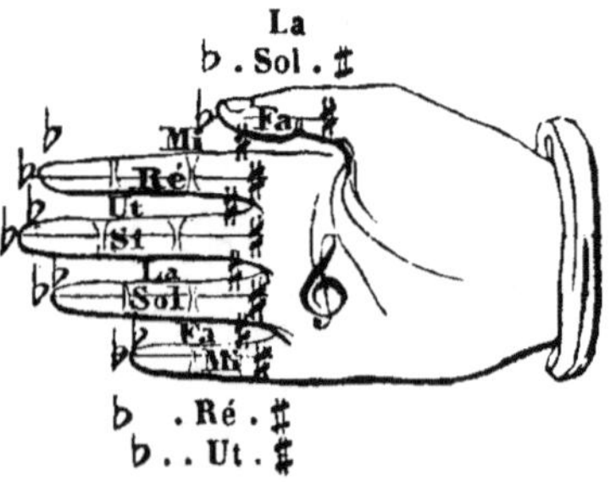

Études complémentaires **2—B** (2ᵉ Cours, Nᵒ **33—B**).

16. La méthode de la *main* fut en usage de la sorte jusque vers le milieu du XVIe siècle, époque à laquelle *Bourgeois* proposa la solmisation actuelle (1550) [1], Dans le siècle suivant (1636), le père Mersenne n'en reproduisit pas moins la *main harmonique*, mais sans spécifier ses usages avec détail [1].

17. Enfin *Rameau*, sans mentionner la main harmonique des anciens, proposa, dans son *Code de Musique* (1760), l'usage de la main, bien ouverte et le petit doigt vers la terre, pour représenter les cinq lignes de la portée musicale ; mais rien ne témoigne que cette heureuse indication ait été suivie. On peut encore rapporter ici, comme ayant de l'analogie avec ce dernier moyen, que, vers le même temps, *Jacob*, musicien de l'Opéra, se servit dans sa méthode d'une portée sans clefs ni notes, portée vide, dans l'usage de laquelle un auteur moderne paraît trouver l'origine du *méloplaste* de *Galin*; mais *Galin* connaissait-il l'ouvrage de *Jacob* (1769), connaissait-il le *Traité pratique du Chant ecclésiastique*, par l'abbé *Le Bœuf*, qui emploie également la portée vide (1741)[3], et connaissait-il aussi l'ouvrage de *Sebalde Heyden* (1537), où cette portée est également présentée ?

18. Arrivé maintenant aux mains musicales de la méthode actuelle (Tableau 3—*B*), nous devons faire remarquer que, dans tout ce qui a précédé, il n'est pas question d'établir les deux mains en rapport avec la portée générale des voix, ni de leur attribuer des places diésées ou bémolisées au moyen desquelles on peut toucher des chants modulés, analyser les diverses espèces d'intervalles et composer les gammes dans les deux modes; on n'y parle pas non plus de l'emploi d'une clef

---

(1) *Le droit Chemin de Musique*, avec la manière de chanter les Psaumes par usage ou par ruse sans le secours de la main, par Bourgeois. Genève 1550.

(2) Le père Mersenne, lib 6, *De Generibus et Modis*, Paris, 1636 (Voir l'avis gravé en tête de l'Indicateur-Vocal, tableau 42.)

(3) «Le maître touchera sur ces lignes et sur les intervalles blancs tous les chants qu'il voudra; il faut enseigner aux élèves à descendre et à monter suivant le progrès d'une baguette qui touche tantôt sur une ligne et tantôt sur une autre; il faudra pour cela laisser beaucoup de blanc entre les quatre lignes.» (L'abbé Le Bœuf, *Traité historique et pratique du chant ecclésiastique*, page 101. — Paris, 1741.)

Etudes complémentaires **2**—*B* (2e Cours, N° 33—*B*).

d'*ut* mobile, sous forme d'anneau, pour lire sur la main aux diverses positions de cette clef, comme cela se pratique avec les clefs mobiles de l'*Indicateur-Vocal* (Tableau 42). — Tels sont, en abrégé, les documents que nous avons pu recueillir sur les usages antérieurs de la *main*. Les personnes éclairées et judicieuses sauront bien, d'après cela, attribuer à chaque auteur la part de mérite qui lui revient dans cette succession d'inventions, d'additions et de perfectionnements.

FIN DES ÉTUDES COMPLÉMENTAIRES DU DEUXIÈME COURS.

Études complémentaires **2**—*B* (2ᵉ Cours, N° 33—*B*).

MODÈLES DE COPIES ET NOTES A MESURER.

(2ᵉ COURS.)

NOTES A MESURER.

Copier cet exemple et tirer une barre de mesure chaque fois qu'on a écrit
la valeur de six croches.

NOTES A MESURER.

Copier cet exemple et tirer une barre de mesure chaque fois qu'on a écrit
la valeur d'une mesure.

EXERCICES D'EXÉCUTION EN GRAND CHOEUR.

N° 1. (Orphéon, 47ᵉ cahier.)

A M. ORFILA,

Commandeur de la Légion-d'Honneur, membre du Conseil royal de l'Instruction publique, etc.,
Président de la Société de l'Orphéon.

BARCAROLLE,

Solo de Coryphée, avec Chœur à quatre parties, voix égales ou inégales,

Paroles de M. B. ANTIER.—Musique de M. B. WILHEM.

AVIS. — Ce morceau peut être chanté par toutes voix d'enfants ou de femmes, ou par toutes voix d'hommes, ou avec le mélange ordinaire des voix de premier et deuxième dessus, ténors et basses; dans ce dernier cas, le solo étant chanté par un dessus, la première partie du *Chœur* sera exécutée par les premiers dessus, la deuxième par les ténors, la troisième par les seconds dessus, et la quatrième par les basses.

12

guez, vo-guez en paix, jo-yeux ri-vaux, Vo-
guez, vo-guez en paix, jo- yeux ri- vaux,
Vo- guez, voguez en paix, jo-yeux ri- vaux,
Vo- guez, voguez en paix, jo-yeux ri- vaux,
Vo- guez, jo-yeux ri- vaux,

guez en paix, vo-guez, jo- yeux ri - vaux, Vo-
Vo- guez, vo-guez, jo- yeux ri- vaux,
Vo- guez, vo-guez en paix, jo-yeux ri- vaux,
Vo- guez, vo-guez, jo- yeux ri - vaux,
Vo-guez, vo-guez, jo-yeux ri - vaux,

guez en paix, vo-guez,   jo-yeux   ri-vaux;
Vo- guez, voguez, jo- yeux   ri - vaux;
Vo guez, voguez en paix, joyeux ri- vaux; Vo
Vo- guez, voguez, jo- yeux   ri - vaux; Vo-
Vo-guez, voguez, jo-yeux   ri - vaux;

Vo - guez, la voile est
Vo- guez, la voile est
guez, vo-guez, la voile est prê-te, Vo guez, la voile est
guez, vo-guez, la voile est prê-te, Vo- guez, la voile est
Vo - guez, la voile est prê-te, Vo - guez, la voile est

prê - te, est prê - te; Vo-
prê - te; Vo- guez, voguez, la voile est prê-te, Vo-
prê - te; Vo-
prê - te; Vo- guez, voguez, la voile est prê-te, Vo-
prê - te; Vo guez, la voile est prê-te, Vo-

guez, la voile est prê - te, est prê - te,
guez, la voile est prê - te,
guez, la voile est prê - te, Vo-
guez, la voile est prê - te, Vo-guez en
guez, la voile est prê - te, Vo - guez, vo-guez, vo-

Vo - guez en paix.
Vo - guez en paix.
guez en paix, Vo - guez en paix. La fo-
paix, Vo guez, vo- guez en paix. La fo-
guez en paix, Vo - guez, vo - guez en paix.

li - e Pour le dé - part a - gi-te ses gre-
li - e Pour le dé - part a-gite, a - gi-te ses gre-

La fo - li - e Pour le dé - part a -
La fo - li - e Pour le dé - part a-gite,
lots, La fo - li - e Pour le dé - part
lots, La fo - li - e Pour le dé - part a - gite,
La fo - li - e Pour le dé - part a - gite,

gi - te ses gre - lots. Mais la rai - son, la rai-son de
a - gi - te ses gre - lots. Mais la rai- son, la rai- son,
a - gi - te ses gre - lots. Mais la rai- son, la rai- son.
a - gi - te ses gre - lots. Mais la rai- son, la rai- son,
a - gi - te ses gre - lots. Mais la rai - son, la rai- son,

ro - ses em - bel - li - e, La rai - son, la rai - son Sai-
la rai - son, la rai - son, la rai - son,
la rai - son, la rai - son, la rai - son,
la rai - son, la rai - son, la rai - son
la rai - son, la rai - son, la rai - son,

sit, saisit la ra - me et va frap-
la rai - son Sai - sit la rame et va frap
la rai - son Sai - sit, sai-sit la rame et va frap
la rai - son Sai - sit, sai-sit la rame et va frap
la rai - son Sai - sit la rame et va frap-

Andantino.
p
6
per les flots. Sur cet o - cé - an de la
per les flots. Sur cet o - cé - an
per les flots. Sur cet o - cé - an
per les flots. Sur cet o - cé - an
per les flots. Sur cet o - cé - an

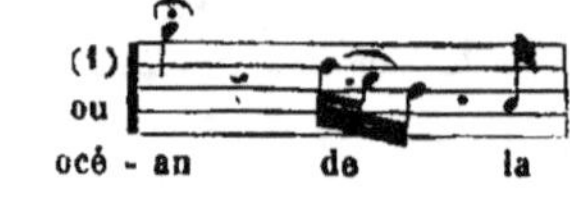

(1)
ou
océ - an de la

vi - e, Voguez en paix, jeu - nes ri-
de la vi - e, Voguez en paix,
de la vi - e, Voguez en paix,
de la vi - e, Voguez en paix,
de la vi - e. Voguez en paix,

(2)
ou
en paix jeu - nes ri-

Allegro.
vaux.
Sur cet o-cé-an de la vi - e, Vo-
joyeux ri-
Allegro.
vaux. Sur cet o-cé-an de la vi - e, Vo-
joyeux ri-
vaux. Sur cet o-cé-an de la vi - e,
joyeux ri-
vaux. Sur cet o-cé-an de la vi - e,
joyeux ri - vaux. Sur cet o-cé-an de la vi - e,

guez, vo - guez, vo - guez, jo - yeux ri-
guez en paix, jo - yeux ri-
Vo - guez, vo-guez en paix, joyeux ri-
Vo - guez, vo-guez en paix, joyeux ri-
Vo - guez, joyeux ri-

vaux; Vo - guez en paix, vo - guez, jo - yeux ri -
vaux; Vo - guez, voguez, jo - yeux ri -
vaux; Vo - guez, voguez en paix, joyeux ri -
vaux; Vo - guez, voguez, jo - yeux ri -
vaux; Vo - guez, voguez, jo - yeux ri -

vaux, Vo - guez en paix, vo - guez, jo - yeux ri -
vaux, Vo - guez, voguez, jo - yeux ri -
vaux, Vo - guez, voguez en paix, joyeux ri -
vaux, Vo - guez, voguez, jo - yeux ri -
vaux, Vo - guez, voguez, jo - yeux ri -

vaux, La voile est prê-te: la fo-
vaux, La voile est prê-te: la fo-
vaux, Vo-guez en paix, vo - guez en
vaux, Vo-guez en paix, vo - guez en
vaux; Vo-guez en

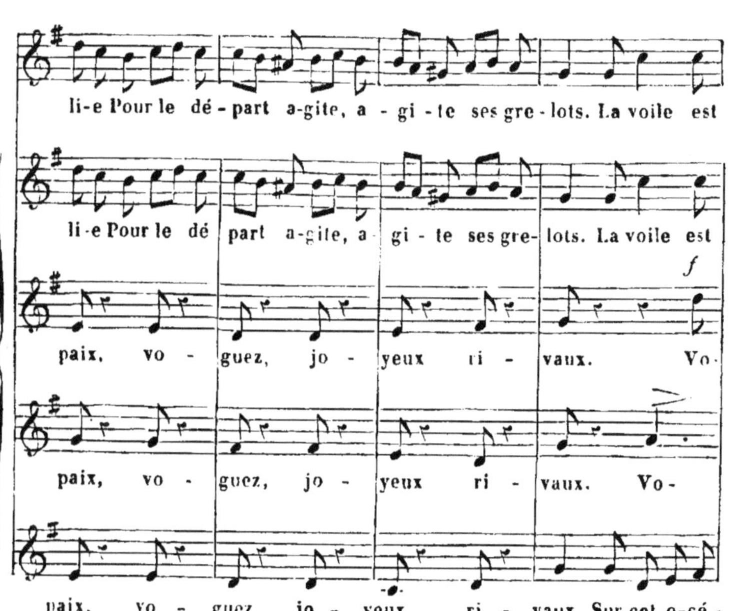

li-e Pour le dé-part a-gite, a - gi-te ses gre-lots. La voile est
li-e Pour le dé-part a-gite, a - gi-te ses gre-lots. La voile est
paix, vo - guez, jo - yeux ri - vaux. Vo-
paix, vo - guez, jo - yeux ri - vaux. Vo-
paix, vo - guez, jo - yeux ri - vaux. Sur cet o-cé-

prê - te, La rai - son sai-sit la ra-me; Voguez en
prê - te, La rai- son sai-sit la ra-me; Voguez en
guez en paix, vo-guez en
guez en paix, vo - guez en
an de la vi - e, Voguez en paix, voguez en paix, voguez, joyeux ri -

paix, vo - guez en paix, vo - guez en paix, jo - yeux ri -
paix, vo - guez en paix, vo - guez en paix, jo - yeux ri -
paix, voguez en paix, voguez en paix, joyeux ri -
paix, voguez en paix, voguez en paix, joyeux ri -
vaux. Voguez en paix, voguez en paix, joyeux ri -

solo.
vaux, Vo - guez en   paix.   Un jour s'en-
vaux, Vo - guez en   paix.
vaux, Vo - guez en   paix.
vaux, Vo - guez en   paix.
vaux, Vo - guez en   paix.
fui - ra la jeu - nes - se ; Vous la ver-rez   fuir sans re-
Sotto voce.
La la la   la la la   la la la
(accomp. vocalisé.)
Dessus
grets : Vous marcherez   à la vieil - les - se Ri - ches des
la la la   la la la   la la la
la la la   la la la   la la la

fruits de vos suc - cès. Ain - si, l'on - de fu-yant sa
la la la la la la la la la
la la la la la la la la la
sour - ce A tra-vers des bords en-chan-teurs, Gagne la
la la la la la la la la la
la la la la la la la la la
mer par-mi les fleurs Qu'elle é - pa-nou - it dans sa
la la la la la la la la la
la la la la la la la la la
cour - se, Ga - gne la mer par - mi les
la la la la la la
la la la la la la

fleurs Qu'elle é-pa - nou-it dans sa cour-se. Voguez en
la la la   la la la   la la la
la la la   la la la   la la la
ad libitum.
paix, Voguez, vo-guez - - - - - en paix Sur
Vo-guez.   Sur
Vo-guez.   Sur
Vo-guez.   Sur
Vo-guez.   Sur

Nº 2. (ORPHÉON, 56e cahier.)

A M. H. BERTON,

Officier de la Légion-d'Honneur, membre de l'Institut et du Conservatoire de Musique.

Vice-président de la Société de l'ORPHÉON.

LES TROIS GLOIRES,

Solos et Trios de Coryphées
avec Chœurs, Canons et Marche d'accompagnement en vocalise ;

Paroles de M. B. ANTIER. — Musique de M. B. WILHEM.

Marche d'introduction (Vocalise à trois parties).

REFRAIN EN DUO.

REFRAIN EN CHOEUR avant et après la première strophe.

N. B. Après avoir repris ce *Refrain en Chœur* à la suite de la première strophe, on passe au chant de la deuxième strophe, page 198.

PREMIÈRE STROPHE (la Gloire militaire).

DEUXIÈME STROPHE (la Gloire industrielle.)

Modéré et solennel.

CORYPHÉE (2e Ténor.)

TÉNORS ET BASSES.

CORYPHÉE.

CHOEUR DE TÉNORS
à l'unisson.

accompagnés

par la Marche

en Vocalise.

tour. A - mis, chan - tons l'in - dus-trie et la
gloi - re, Elle é - ter - nise un grand nom sans re -
tour ; On ne meurt pas dès qu'on vit dans l'his -
toi - re Du beau pa - ys où l'on re-çut le jour.

TROISIÈME STROPHE (la Gloire poétique et artistique).

Modéré et solennel.

CHOEUR. cres.
ff
on, Du Ca - pi - tole à no - tre Pan - thé -
cres.
ff
Du Ca - pi - tole à no - tre Pan - thé -
CHOEUR. cres.
ff
on, Du Ca - pi - tole à no - tre Pan - thé -
cres.
on, Du Ca - pi - tole à no - tre Pan - thé -
ff on ; De Pé - ri - clès au siè - cle de Lé -
ff on ;
CORYPHÉE.
ff on ; De Pé - ri - clès au siè - cle de Lé -
CORYPHÉE.
ou
TRIO.
ff on ; De Pé - ri - clès au siè - cle de Lé -
Plus animé. TUTTI. cres. f
on, Du Ca - pi - tole à no - tre Pan - thé -
cres. ff
Du Ca - pi - tole à no - tre Pan - thé -
TUTTI. cres. ff
on, Du Ca - pi - tole à no - tre Pan - thé -
TUTTI. cres. ff
on, Du Ca - pi - tole à no tre Pan - thé -

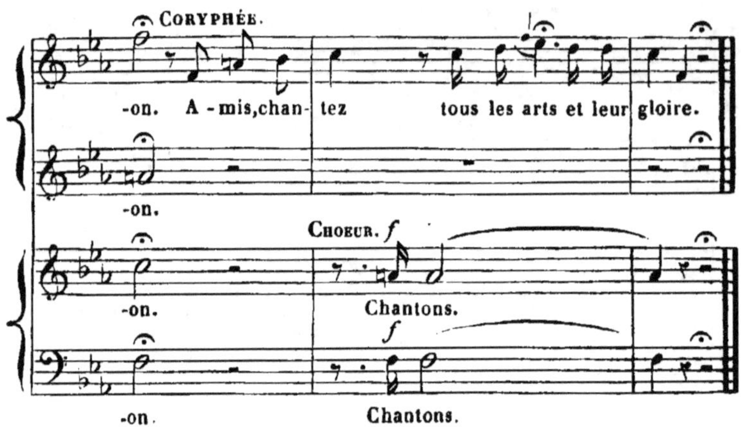

REFRAIN

En Canon à trois parties avec accompagnement de la vocalise
également en Canon.

AVIS. Pour le bon effet de ces deux Canons réunis, il faut distribuer d'avance les voix comme il suit :

1º (CANON CHANTÉ) une première portion des Premiers Dessus, et les Ténors divisés en deux portions.

2º (MARCHE VOCALISÉE) la deuxième portion des Premiers Dessus, tous les Deuxièmes Dessus et les Basses.

Total : 6 parties, qui se réunissent en quatre pour la Finale, page 206.

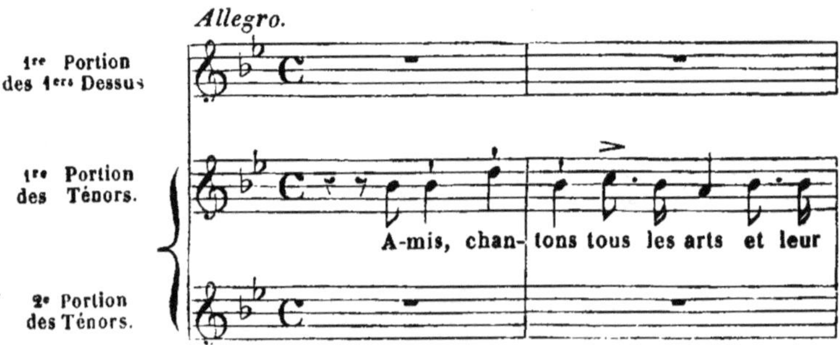

gloi - re, Elle é - ter - nise un grand nom sans re-

1re portion des 1ers Dessus.
Amis, chan-tons tous les arts et leur gloi - re, Elle é - ter-
tour. Amis, chan tons tous les arts et leur gloi-re, Elle é - ter-

nise un grand nom sans re - tour. A - mis, chan-
nise un grand nom sans re - tour. On ne meurt
2e portion des Ténors.
A-mis, chan-

tons tous les arts et leur gloi - re, Elle é - ter-
pas dès qu'on vit dans l'his - toi - re Du beau pa-
tons tous les arts et leur gloi - re, Elle é - ter-

nise un grand nom sans re - tour. On ne meurt
ys où l'on re - çut le jour. A - mis, chan-
nise un grand nom sans re - tour. A - mis, chan-
(2e portion des Premiers Dessus.)
(Vocalise.)
La la
(Seconds Dessus.)
(Basses.)
pas dès qu'on vit dans l'his - toi - re Du beau pa-
tons tous les arts et leur gloi - re, Elle é - ter-
tons tous les arts et leur gloi - re, Elle é - ter-
la la la la la la la la la la la
la la la la la

-ys où l'on re - çut le jour. A - mis, chan-
-nise un grand nom sans re - tour. A - mis, chan-
-nise un grand nom sans re - tour. On ne meurt
la la la la la la la la la
la la
la la la la la la la
tons tous les arts et leur gloi - re, Elle é - ter-
tons tous les arts et leur gloi - re, Elle é - ter-
pas dès qu'on vit dans l'his - toi - re Du beau pa-
la la la la la la la la la là la
la la la la la la la la la la la
la la la la la

FINALE.

Plus animé.

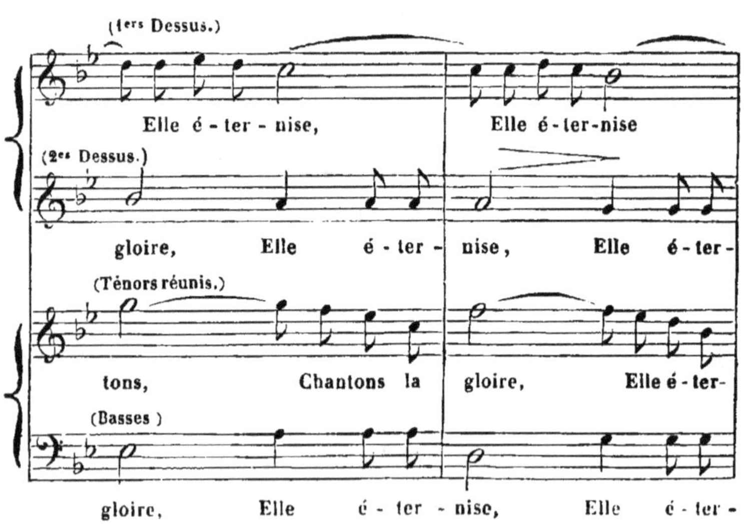

un grand nom sans re - tour. Chan-
ni - se sans re - tour. Chan-tons la
ni - - - - - se sans re- tour. Chantons la gloire,
ni - - se sans re - tour. Chan-tons la
tons, chantons la gloire, Elle é - ter-
gloire, Elle é - ter - nise, elle é - ter-
Elle é - ter-nise, elle é - ter-nise
gloire, Elle é - ter - nise, elle é - ter-
Vivace.
ni - - - - - se sans re - tour.
ni - - se sans re - tour.
ff
un grand nom sans re - tour, Elle é - ter-
ni - - se sans re - tour, Elle é - ter-

FIN DU DEUXIÈME COURS DE LA MÉTHODE B. WILHEM.

MUSIQUE TYPOGRAPHIQUE DE TANTENSTEIN ET CORDEL, 90, RUE DE LA HARPE.

TABLE

DES CHANTS DE LA MÉTHODE B. WILHEM.

CHANTS DU PREMIER COURS.

PAGES.

1. Entends nos voix du haut des cieux (chant à la gamme), à l'*unisson*. . 2
— à 3 parties. 28
2. Du chêne jeune encor tu vois l'épais ombrage, à 2 (1re et 2e, *secondes*, en PARTITION). 38
3. On vous propose un fonds. — à 2 (1re et 2e, *tierces*, en PARTITION). . . 43
4. Notre vie est un champ qu'il nous faut cultiver, à 2 (1re et 2e, *quartes*, en PARTITION). 49
5. Il n'est, mes chers amis, qu'un malheur véritable, à 2 (1re et 2e, *quintes*, en PARTITION). 58
6. Honorez du vieillard le respectable abord, à 2 (1re et 2e, *sixtes*, en PARTITION). 67
7. Fidèle en tes traités, observe la justice, à 2 (1re et 2e, *septièmes*, en PARTITION). 75
8. Il faut, quand on commande, avec soin s'attacher, à 2 (1re et 2e, *octaves*, en PARTITION). 83
9. Craignez que le trouble et les larmes, à 3 (1re, *seconde* 95
— (2e et 3e, *quintes* et PARTITION). 137
10. Mon fils, les soins d'autrui se règlent sur les nôtres, à 2 (canon en PARTITION). 106
11. Soyons compatissants pour les malheurs d'autrui, à 2 (1re, *tierces* . . . 107
— (2e, *quartes* et PARTITION). 119
12. Divine Providence, et Offrons nos vœux, à 3 (1re, *tierces* 111
— (2e, *quartes* 125
— (3e, *quintes* et PARTITION). 139
13. Heureux le jeune élève animé d'un beau zèle, à 3 (1re, *quartes* 121
— (2e, *tierces* 111
— (3e, *quintes* et PARTITION) 136
14. C'est Dieu qui fit le monde, et la terre et les cieux, à 3 (1re, *sixtes*, et PARTITION. 143
— (2e, *quartes* 113
— (3e, *quintes* 124

15. Trompé dans ce qu'il craint et dans ce qu'il envie, à 2 (1re et 2e, *sixtes*, et PARTITION). 142

16. Nous aurons à régir un jour notre maison, à 3 (canon). 166

17. Du jour cher à notre âge, à 3 (*sixtes* et PARTITION). 149

18. Eh quoi, tu t'applaudis! à 3 (*octaves* et PARTITION). 160

PREMIERS CHANTS D'APPLICATION GÉNÉRALE DES ÉTUDES DU PREMIER COURS.

19. Soleil, toi dont la face, à 3, en PARTITION. 164

20. L'ordre semble émané, à 2, en PARTITION. 165

21. Si l'on ose attaquer mon pays et ses droits, à 4, canon. 166

22. Diligam te, Domine, à 3, en PARTITION. 167

CHANTS DU DEUXIÈME COURS.

22. Du poids de nos chagrins un ami nous soulage, à 2 (1re, *tierces*). . . 8

— (2e, *sixtes* et PARTITION). 41

23. Ne nous laissons jamais aller à la paresse, à 3 (1re, *quartes*). . . . 11

— (2e, *tierces*) 8

— (3e, *quintes* et PARTITION) 28

24. Évitons la colère, abhorrons la vengeance, à 3 (1re, *sixte*). 40

— (2e, *tierces*) 9

— (3e et PARTITION). 101

25. Au goût de nos amis sacrifions les nôtres, à 3 (canon, *quartes*). . . . 13

26. Point de luxe coûteux, de parure futile, à 2 (canon, *quartes*) 13

27. Que toujours la raison nous gouverne et nous guide, à 3 (*quintes*, en PARTITION). 26

28. Jusqu'au cercueil, mon fils, tâche d'apprendre, à 3 (*sixtes*, en PARTITION). 39

29 Nature dont nos yeux admirent les bienfaits, à 3 (*sixtes*, en PARTITION). 46

PREMIERS CHANTS D'APPLICATION GÉNÉRALE DES ÉTUDES DU DEUXIME COURS.

30. Sur cet océan de vie, GRANDE BARCAROLE à 5, avec solo de coryphée. 169

31. Amis, chantons les héros et leur gloire, les TROIS GLOIRES à 6, avec solos de coryphées 194

QUESTIONNAIRE GÉNÉRAL

DU DEUXIÈME COURS.

TABLEAU 43, page 2.

§ 1. TROISIÈME ANALYSE DE LA SECONDE.

(IIIe-VIIIe division des *secondes.*)

1. *Un intervalle quelconque change-t-il d'espèce si les deux notes qui le forment sont baissées ou élevées à la fois ? Non.*

Procédés d'études décrits dans le paragraphe.

§ 2. TROISIÈME ÉTUDE DE L'INTERVALLE DE SECONDE.

Solfége, pages 2 et 3.

TABLEAU 44, page 4.

(IIIe-VIIIe division des *tierces.*)

§ 1. TROISIÈME ANALYSE DE LA TIERCE.

Procédés décrits dans le paragraphe.

§ 2. TROISIÈME ÉTUDE DE L'INTERVALLE DE TIERCE.

Solfége, pages 4 à 7.

TABLEAU 45, page 8.

(IIIe-VIIIe division des *tierces.*)

SUITE DE LA TROISIÈME ÉTUDE DE L'INTERVALLE DE TIERCE.

Chants et Solfége, pages 8 à 10.

TABLEAU 46, page 11.

(IIIe-VIIIe division des *quartes.*)

§ 1. TROISIÈME ANALYSE DE LA QUARTE.

Procédés d'étude décrits dans le paragraphe.

§ 2. TROISIÈME ÉTUDE DE L'INTERVALLE DE QUARTE.

Chants et solféges , pages 11 à 14.

TABLEAU 47, page 15.

(IIIe-VIIIe division des *quartes.*)

SUITE DE LA TROISIÈME ÉTUDE DE L'INTERVALLE DE QUARTE.

Solféges, pages 15 à 18.

TABLEAU 48, page 19.

(IIIe-VIIIe division des *quartes.*)

FIN DE LA TROISIÈME ÉTUDE DE L'INTERVALLE DE QUARTE.

Solféges , pages 19 à 21.

TABLEAU 49, page 22.

(IIIe-VIIIe division des *quintes.*)

§ 1. TROISIÈME ANALYSE DE QUARTE.

Procédés d'étude décrits dans le paragraphe.

§ 2. TROISIÈME ÉTUDE DE L'INTERVALLE DE QUINTE. — SYNCOPES RÉGULIÈRES ET SYNCOPES BRISEES.

1. *Quels sont les temps forts dans la mesure à quatre temps ?* Le premier temps et le troisième.— *Quels sont les temps faibles ?* Le deuxième et le quatrième. — *Quel est le temps fort et quel est le temps faible dans la mesure à deux temps ?* Le premier est fort et le deuxième est faible. — *Quel est le temps fort dans la mesure à trois temps ?* Le premier temps. — *Dans quel cas un son est-il* SYNCOPÉ? Quand il commence à un temps faible et se prolonge sur un temps fort.

2. *Dans une même mesure, comment les notes syncopées sont-elles placées ?* La blanche entre deux noires est syncopée; la noire ou les noires entre deux

croches, les croches entre deux doubles croches sont syncopées; ainsi, dans une même mesure, les notes syncopées sont placées entre deux notes plus brèves de moitié en valeur.

3. *Quelles sont les notes syncopées d'une mesure à l'autre?* Celles qui sont sur le même degré et liées. — *Qu'est-ce qu'une syncope régulière?* Celle qui a lieu entre deux notes de même valeur. — *Qu'appelle-t-on* SYNCOPE BRISÉE? Celle qui a lieu entre deux notes de valeur inégale.

4. *Qu'appelle-t-on une* TENUE? C'est le prolongement d'un son pendant plusieurs mesures.

§ 3. SOLFÉGES SUR LES DIVERSES ESPÈCES DE SYNCOPES.

Solféges, pages 24 et 26.

TABLEAU 50, page 26.

(IIIᵉ-VIIIᵉ division des *quintes.*)

SUITE DE LA TROISIÈME ÉTUDE DE L'INTERVALLE DE QUINTE.

Chants, pages 26 et 31.

TABLEAU 51, page 32.

(IIIᵉ-VIIIᵉ division des *quintes.*)

FIN DE LA TROISIEME ÉTUDE DE L'INTERVALLE DE QUINTE.

Solféges, pages 32 et 35.

TABLEAU 52, page 36.

(IIIᵉ-VIIIᵉ division des *sixtes.*)

§ 1. TROISIÈME ANALYSE DE LA SIXTE.

Procédés décrits dans le paragraphe.

§ 2. TROISIÈME ÉTUDE DE L'INTERVALLE DE SIXTE.

Solféges, pages 36 à 38.

TABLEAU 53, page 39.

(IIIᵉ-VIIIᵉ division des *sixtes.*)

SUITE DE LA TROISIÈME ÉTUDE DE L'INTERVALLE DE SIXTE

Chants et solféges, pages 39 à 42.

TABLEAU 54-A, page 43.

(IIIᵉ-VIIIᵉ division des *sixtes*.)

§ 1. SUITE DES ÉTUDES RHYTHMIQUES PRÉPARATOIRES. — TABLE DES SOUS-DIVISIONS DE VALEURS ENTRE LA RONDE ET LA DOUBLE CROCHE.

1. *Outre les* TRIOLETS, *déjà étudiés dans le premier cours, la musique ne présente-t-elle pas encore des sous-divisions de 5, 6 et 7 notes pour 4 notes de la même figure?* Oui, on trouve cinq noires pour quatre, six noires pour quatre, et sept noires pour quatre. — *Après sept noires pour quatre, quelles figures de notes vient-il dans le tableau des valeurs entre la* RONDE *et la* DOUBLE CROCHE? Il vient huit croches, puis neuf croches pour huit, dix croches pour huit, onze croches pour huit, et jusqu'à quinze pour huit, après quoi viennent seize *doubles croches.*

A vérifier, page 43.

§ 2. SUITE DES ÉTUDES DU $\frac{3}{4}$,

Questionner d'après ces études, page 44.

§ 3. SUITE DES ÉTUDES DU $\frac{6}{8}$.

Questionner d'après ces études, pages 44 et 45.

TABLEAU 54-B, page 46.

(IIIᵉ-VIIIᵉ division des *sixtes*.)

SUITE DE LA TROISIÈME ÉTUDE DE L'INTERVALLE DE SIXTE.

Chant, pages 46 à 48.

TABLEAU 55, page 49.

(IIIᵉ-VIIIᵉ division des *sixtes.*)

SUITE DE LA TROISIÈME ÉTUDE DE L'INTERVALLE DE SIXTE.

Solfége, pages 49 à 51.

TABLEAU 56-A, page 52.

(IIIᵉ-VIIIᵉ division des *sixtes.*)

§ 1. MODULATIONS. — TONS ET MODES ANALOGUES. — DÉNOMINATIONS TONALES.

1 *Comment nomme-t-on les changements de tons et de modes qui peuvent*

survenir dans le courant d'un morceau de musique? Modulation — *Qu'est-ce que des modulations?* Ce sont les changements de tons ou de modes qui peuvent survenir dans un morceau de musique.

2. *Quel est le ton principal d'un morceau de musique?* Celui par lequel commence et finit le morceau. — *Comment nomme-t-on le ton par lequel commence et finit un morceau?* Le ton principal. — a. *Qu'est-ce que des tons analogues?* Ce sont ceux qui ont le plus de rapport avec le ton principal. — *Quels sont les six tons analogues d'une gamme?* Ce sont les tons des trois notes tonales, mode majeur, et de leurs relatifs, mode mineur.

3. *Quelles sont les notes qui ne peuvent jamais servir de toniqu s passageres?* Ce sont la note *sensible* dans les deux modes, et la deuxième *note* dans le mode mineur, parce que leur quinte est une quinte diminuée.

4. *Qu'entendez-vous par dénominations tonales?* Ce sont les noms donnés aux notes pour rappeler leur rang et leur importance dans le ton ou la gamme. — a. *Citez les dénominations tonales des sept notes de la gamme.* Première note tonique, deuxième sus-tonique, troisième médiante, quatrième sous-dominante, cinquième dominante, sixième sus-dominante, septième sensible.

5. *Dans quel cas la modulation est-elle appréciable par la mélodie?* Quand cette mélodie offre l'emploi des notes altérées qui caractérisent les changements de tons et de modes. — a. *La modulation est-elle toujours caractérisée par la mélodie?* Quelquefois la modulation n'est caractérisée que par l'harmonie des *parties* vocales ou instrumentales.

§ 2. Mélodies qui parcourent les modulations ordinaires.

A faire exécuter et à analyser, pages 53 à 55.

6. *Qu'appelle-t-on une* TRANSITION? La transition est le moment où l'on passe d'un ton dans un autre.

TABLEAU 56-B, page 56

(IIIᵉ-VIIIᵉ division des *suites*)

§ 1. Suite des modulations.

1. *Quand la mélodie n'offre pas les notes altérées qui annoncent le changement de mode ou de ton, comment peut-on apprécier la modulation?* Par l'examen ou par l'audition de l'accompagnement.

Exemple et remarque, page 56.

§ 2. Tons et modes incertains dans la mélodie.

Exemple et remarque, pages 57 et 58.

TABLEAU 57, page 59.

(IIIe-VIIIe division des *sixtes*.)

SUITE DE LA TROISIÈME ÉTUDE DE L'INTERVALLE DE SIXTE

Solféges, pages 59 à 61.

TABLEAU 58, page 62.

SUITE DE LA TROISIÈME ÉTUDE DE L'INTERVALLE DE SIXTE.

Qu'e t-ce qu'une variation? C'est une manière de broder un air par des passages ou d'autres agréments qui ornent cet air.

Air et variation, pages 62 à 64.

TABLEAU 59, page 66.

(IIIe-VIIIe division de *sixtes*.)

§ 1. FIN DES ÉTUDES RHYTHMIQUES ET PRÉPARATOIRES DU ⁶⁄₈.

Exercices, page 65.

§ 2. DERNIER SOLFÉGE SUR L'INTERVALLE DE SIXTE POUR SERVIR DE RÉCAPITULATION AUX ÉTUDES RHYTHMIQUES DU ⁶⁄₈.

Solfége, pages 66 et 67.

TABLEAU 60, page 68.

(IIIe-VIIIe division des *septièmes*.)

§ 1. TROISIÈME ANALYSE DE LA SEPTIÈME.

Procédés d'étude décrits dans le paragraphe.

§ 2. TROISIÈME ÉTUDE DE L'INTERVALLE DE SEPTIÈME.

Solfége, pages 68 à 71.

TABLEAU 61-B, page 72.

§ 1. MESURE DITE A UN TEMPS ET MESURE A CINQ TEMPS. — EXERCICES RHYTHMIQUES PRÉPARATOIRES.

MESURE A UN TEMPS.

1. *Dans quel cas bat-on la mesure à un temps?* Lorsqu'il s'agit d'exécuter

prestissimo un $\frac{3}{8}$ ou un $\frac{3}{16}$ dont on ne peut pas marquer les trois temps, parce que le mouvement en est trop précipité. — a. *Comment bat-on la mesure à trois temps très-vifs ?* On frappe le premier temps, et on lève vivement au deuxième temps qui est alors deux fois plus long que le premier.

Exercice, page 72.

MESURE A CINQ TEMPS.

De quoi la mesure à cinq temps est-elle formée ? La mesure à cinq temps est formée de la réunion d'une mesure à trois temps et d'une mesure à deux temps.

Solfège, page 73.

TABLEAU 61-B, page 75.

(IIIe-VIIIe division des *septièmes.*)

LECTURE DE LA CLEF D'UT A TOUTES SES POSITIONS.

Comment nomme-t-on la réunion des parties musicales écrites en accolade les unes sous les autres de manière à ce qu'on puisse voir, mesure par mesure, tout ce qui doit s'exécuter en même temps ? C'est une partition. — *Qu'appelle-t-on partition ?* C'est la réunion des parties musicales écrites en accolade les unes sous les autres de manière à ce qu'on puisse voir, mesure par mesure, tout ce qui doit s'exécuter en même temps.

Lorsqu'un morceau est écrit trop haut ou trop bas pour la voix de l'exécutant, peut-on le transposer dans un ton convenable sans que les notes changent de place sur la portée ? Oui, en changeant mentalement la position de la clef.

Exercices spéciaux, pages 76 et 77.

TABLEAU 62, page 78.

(IIIe-VIIIe division des *septièmes.*)

SUITE DE LA TROISIÈME ÉTUDE DE L'INTERVALLE DE SEPTIÈME

Solféges, pages 78 à 80.

TABLEAU 63, page 81.

SUITE DE LA TROISIÈME ÉTUDE DE L'INTERVALLE DE SEPTIÈME.

Solféges, pages 81 à 83.

TABLEAU 64-A, page 81.

(IIIᵉ-VIIIᵉ division des *septièmes.*)

ANALYSE MÉLODIQUE DE LA PHRASE ET DE LA PÉRIODE MUSICALE. — RHYTHME, DESSIN, SYMÉTRIE, RÉPÉTITION, IMITATION, INCISE.

1. *Que signifient, en musique, les expressions phrase et période?* Elles indiquent une portion plus ou moins étendue de chant ou d'harmonie.

2. *Quels sont les éléments de la phrase et de la période musicale?* Ce sont le rhythme, le dessin, la symétrie, la répétition et l'imitation.

3. *De quoi le rhythme musical résulte-t-il?* De l'emploi régulier de diverses valeurs de notes.

4. *Qu'est-ce que le dessin d'une mélodie ou de l'harmonie?* Le dessin résulte des formes ascendantes ou descendantes de la mélodie ou de l'harmonie.

5. *Qu'est-ce que la symétrie?* C'est la correspondance rhythmique ou mélodique des membres de la phrase musicale.

6. *Qu'est-ce que la répétition?* C'est la reproduction du même chant dans la même partie et sur les mêmes degrés.

7. *En quoi consiste l'imitation?* Elle consiste à transporter le même dessin soit dans la même partie, soit d'une partie à une autre, par répétition ou par transposition.

8. *Quelles sont les phrases carrées?* On nomme phrases carrées celles qui ont un nombre pair de mesures. — *Qu'appelle-t-on une* INCISE? On appelle *incises* des passages qui servent à lier des phrases entre elles.

Exemples pages 84 à 87.

TABLEAU 64-B, page 88.

(IIIᵉ-VIIIᵉ division des *septièmes.*)

SUITE DE L'ANALYSE MÉLODIQUE DE LA PHRASE MUSICALE.

1. *Quelle est la phrase musicale qui est la plus parfaite pour le nombre des mesures?* C'est celle de huit mesures avec repos à la quatrième. — a. *N'emploie-t-on pas aussi des phrases de six mesures et même de dix mesures?* Oui, pourvu qu'elles aient des repos symétriques.

2 *Comment indique-t-on la séparation des idées et les repos de la voix dans la phrase musicale?* Par le rang tonal de la note qui termine chaque idée. — a. *Quel est le repos qui correspond au point final du discours?* Le repos final sur la tonique. — *Qu'est-ce qui marque le repos du point et virgule et des deux points?* C'est le repos médiaire sur la dominante. — *A quoi équivalent les autres repos?* A la virgule.

3. *Que faut-il faire pour bien phraser en chantant?* Il faut saisir le caractère du chant, sa division en phrases distinctes et son rapport avec les paroles.

4. *En quoi consiste le talent de bien prosodier?* Il consiste à avoir égard à la longueur ou à la brièveté des syllabes, ainsi qu'à la séparation des mots, quand il s'agit d'adapter les intonations musicales à des strophes ou à des couplets qui ne sont pas notés.

Exemples pages 88 à 91.

TABLEAU 65-A, page 92.

(IIIᵉ-VIIIᵉ division des *septièmes*.)

SUITE DE LA TROISIÈME ÉTUDE DE L'INTERVALLE DE SEPTIÈME.

Solfége, p ges 92 à 97.

TABLEAU 66, page 98.

(IIIᵉ-VIIIᵉ division des *septièmes*.)

SUITE DE LA TROISIÈME ÉTUDE DE L'INTERVALLE DE SEPTIÈME

Solfége, pages 98 à 102.

TABLEAU 67-A, page 103.

(IIIᵉ-VIIIᵉ division des *septièmes*.)

§ 1. DIFFÉRENCE ENTRE LE DEMI-TON DIATONIQUE ET LE DEMI-TON CHROMATIQUE.

1. *Quelles sont les deux sortes de demi-tons?* Le demi-ton diatonique et le demi-ton chromatique?

4. *Le demi-ton chromatique est-il plus grand ou plus petit que le demi-ton diatonique?* Le demi-ton chromatique est plus grand. — *Touchez sur la main un demi-ton diatonique, et ensuite un demi-ton chromatique.*

L'élève touche, par exemple, *mi-fa*, puis *fa-fa dièze*, etc.

§ 2. TABLE GÉNÉRALE DES ARMURES.

(Questionner d'après les exemples de cette table, page 104, et, s'il y a un tableau noir, donner ou faire donner des exemples de la même table.)

TABLEAU 67-B, page 105.

(IIIe-VIIIe division des *septièmes.*)

§ 1. SOLFÉGE AVEC CHANGEMENT DE CLEF.

1. *Les changements de clef que l'on rencontre dans le courant d'une même pièce de solfége, ou dans tout autre morceau d'étude, sont-ils employés pour faire entonner les sons au degré réellement indiqué par les clefs?* Non, mais pour exercer les élèves à la lecture des notes selon les diverses positions des clefs.

Exemples et exercices, pages 105 à 107.

TABLEAU 68-A, page 108.

(IIIe VIIIe division des *octaves.*)

§ 1. TROISIÈME ANALYSE DE L'OCTAVE.

1° Procédés décrits dans le paragraphe; 2° solfége et chants, pages 108 à 113.

TABLEAU 68-B.

(IIIe-VIIIe division des *octaves.*)

§1. REMARQUE SUR LE DÉPLACEMENT DU SCANDÉ DANS UNE MÊME ESPÈCE DE MESURE.

1. *Comment nomme-t-on, dans l'exécution d'un trait, l'articulation nette et bien distincte des temps ou des parties de temps d'une mesure?* C'est ce qu'on appelle scander un trait.

2. *Pour faciliter l'exécution musicale ne décompose-t-on pas quelquefois les temps en demi-temps et en quart de temps?* Oui, quand cela ne détruit pas l'effet du scandé. — a. *Comment la mesure à quatre temps peut-elle être décomposée?* En deux mesures à quatre temps avec croche par temps. — *Comment se décomposera la mesure a $\frac{2}{4}$ ou 2?* En une mesure à quatre temps.

3. *Comment décomposera-t-on la mesure à $\frac{4}{4}$?* En deux mesures à — *Ne faut-il pas éviter les transformations qui dénatureraient le caractère et l'expression propre de chaque mesure?* Oui, comme serait la transformation du $\frac{6}{8}$ en deux $\frac{3}{8}$.

Exemples, pages 114 à 116.

TABLEAU 69, page 117.

(IIIe-VIIIe division des *octaves*.)

SUITE DE LA TROISIÈME ÉTUDE DE L'INTERVALLE D'OCTAVE.

Solfége, pages 117 et 118.

1. *Quel est le genre d'exécution propre à la musique écrite avec l'indication à* CAPELLA ? La mesure à *capella* doit s'exécuter d'un mouvement modéré, à deux temps.

2. *Dans la musique à* CAPELLA, *comment nomme-t-on l'espace compris entre deux barres de mesure ?* On le nomme *case* ou *caselle*.

3. *Chaque* CASE *de la musique à capella contient deux rondes, ou l'équivalant en blanches, noires ou croches. Comment faut-il battre la mesure ?* Il faut battre autant de mesures à deux temps, avec blanche par temps, qu'il y a de rondes, c'est-a-dire qu'il faut faire deux mesures de chaque mesure.

Solfége d'application , page 119.

TABLEAU 70-A, page 120.

(IIIe-VIIIe division des *octaves*.)

DIFFÉRENCE ENTRE LES INTERVALLES SIMPLES ET LES INTERVALLES COMPOSÉS OU MULTIPLES.

1. *Qu'est-ce que des intervalles simples ?* Ce sont ceux qui ne dépassent pas l'octave. — *Comment nomme-t-on les intervalles qui ne dépassent pas l'octave ?* On les nomme intervalles simples. — *Comment appelle-t-on les intervalles qui dépassent l'octave ?* Intervalles composés ou multiples. — *Qu'est-ce que des intervalles composés ou multiples ?* Ceux qui dépassent l'octave.

2. *Qu'est-ce qu'un intervalle redoublé ?* Celui qui est augmenté d'une octave. — *Comment nomme-t-on l'intervalle augmenté d'une octave ?* Un intervalle redoublé. — *Qu'est-ce qu'un intervalle triplé ?* Celui qui est augmenté de deux octaves. — *Comment nomme-t-on l'intervalle augmenté de deux octaves ?* Un intervalle triplé.

Exemple et exercice, pages 120 à 122.

3 *Les secondes, tierces, quartes, quintes, sixtes et septièmes sont-elles des intervalles simples ou des intervalles composés ?* Des intervalles simples. — *L'octave est-elle un intervalle simple ou un intervalle redoublé ?* L'octave est à la fois le plus grand des intervalles simples et le redoublement de l'unisson.

4. *Comment trouve-t-on, à vue de musique, le nom d'un intervalle redoublé ?* En ajoutant le nombre 7 au chiffre nominal de l'intervalle simple que formeraient les deux notes si elles étaient rapprochées.

TABLEAU 70-B, page 123.

(IIIe-VIIIe division des *octaves*.)

SOLFÉGE POUR L'INTONATION DES INTERVALLES REDOUBLÉS ET POUR QUELQUES PASSAGES CHROMATIQUES.

Solfége étendu, pages 123 à 125.

TABLEAU 71-A, page 128.

(IIIe-VIIIe division des *octaves*.)

REMARQUES ET EXERCICES SUR L'INTONATION DES INTERVALLES DIMINUÉS OU AUGMENTÉS

Procédés d'étude et exercice d'intonation, pages 126 à 129.

TABLEAU 71-B, page 130.

SOLFÉGE AVEC DES INTERVALLES DIMINUÉS ET DES INTERVALLES AUGMENTÉS.

Pages 130 à 134.

TABLEAU 72, page 135

(IIIe-VIIIe division des *octaves*.)

FIN DES SOLFÉGES DE LA DIVISION DES OCTAVES

Solfége, pages 135 à 137, et renvois à d'autres leçons difficiles et à des chœurs d'une exécution brillante ou expressive, pour continuer à s'exercer dans la lecture musicale.

TABLEAUX 73-A et 73-B, page 138.

DEUX GRANDS MORCEAUX DE CONCOURS DONNÉS COMME COMPLÉMENT.

Premier morceau pour les changements de clefs, pages 138 à 140; deuxième morceau pour les changements de clef, de mesure et de mouvement, pages 141 à 144.

N.B. On n'a pas cru devoir dresser de questionnaire sur les *notions théoriques* et les *aperçus historiques* des deux TABLEAUX COMPLÉMENTAIRES qui terminent le deuxième cours, l'examen sur ces matières devant nécessairement prendre une tout autre forme.

FIN DU QUESTIONNAIRE DU DEUXIÈME COURS.

PROGRAMME POUR LES EXAMENS DE CHANT.

MINISTÈRE DE L'INSTRUCTION PUBLIQUE.

Instruction primaire.

ENSEIGNEMENT DU CHANT.

(Extrait du registre des délibérations du Conseil Royal de l'Instruction Publique.)

Séance du 29 mars 1835.

Vu le 5ᵉ paragraphe de l'art. 1ᵉʳ de la loi du 28 juin 1833 ;

Vu l'art. 9 du statut du 23 avril 1834 ;

Sur le rapport d'un de ses membres, ARRÊTE :

ARTICLE 1ᵉʳ.

Les aspirants au brevet de capacité pour l'instruction primaire supérieure subiront un examen de chant théorique et pratique.

ART. 2.

Les examinateurs se conformeront, pour la position des questions, aux règles prescrites dans le programme ci-annexé.

ART. 3.

Les aspirants au brevet de capacité du degré élémentaire, qui seront examinés sur le chant, ne répondront que sur la première partie du programme.

Le Conseiller exerçant les fonctions de Vice-Président,
Signé VILLEMAIN.

Le Conseiller exerçant les fonctions de Secrétaire,
Signé V. COUSIN.

APPROUVÉ, conformément à l'art. 21 de l'ordonnance royale du 26 mars 1829.

Le Ministre de l'instruction publique,
Signé PELET DE LA LOZÈRE.

Les élèves-maîtres des écoles normales primaires et les aspirants aux brevets de capacité pour les deux degrés de l'instruction primaire seront examinés sur le RHYTHME, ou la *mesure musicale* et ses divisions; sur l'INTONATION; sur la TONALITÉ, ou la constitution des *tons* et des *modes* de la musique; sur l'ÉCRITURE MUSICALE, et sur le PLAIN-CHANT, d'après la série des questions de théorie, et les exercices d'application sommairement indiqués dans les cinq paragraphes spéciaux de ce programme.

Indépendamment de cet examen théorique, ils seront tenus de chanter, à livre ouvert, un ou plusieurs morceaux de musique et de plain-chant, choisis par MM. les examinateurs.

PREMIÈRE PARTIE.

EXAMEN DES ASPIRANTS AU BREVET DE CAPACITÉ POUR L'INSTRUCTION PRIMAIRE ÉLÉMENTAIRE.

EXAMEN THÉORIQUE ET EXERCICES D'APPLICATION.

§ 1er.

Questions et exercices sur le RHYTHME *ou la* mesure musicale *et ses divisions, et sur les parties de l'enseignement élémentaire qui s'y rapportent* [1].

1° Quels sont, dans la musique écrite, les signes de la *durée* et de l'*interruption* des sons? — Nommez et écrivez les figures des *notes* et des *silences* dans leur ordre de durée décroissante et relative (2 — 4 et 11—54).

2° Battez la mesure à quatre temps (4—14);—à deux temps (51—117); — à trois temps (52—125); — à un temps (61 A—72).

5° Qu'entend-on par le *mouvement* d'un morceau de musique, et combien distingue-t-on de *mouvements principaux* (9—56)? — Énoncez

(1) Dans l'édition originale du programme in-4° (imprimerie royale,— avril 1856), les renvois aux tableaux de la méthode B. Wilhem sont placés en notes au bas des pages. — Ici ces renvois suivront chaque alinéa et nous y ajouterons la page du *Manuel musical*.

N. B. Le premier chiffre sera celui du tableau et le deuxième sera celui de la page : comme 2—4, pour indiquer : Tableau 2, page 4, du *Manuel musical* B. W. Il sera bon de se rappeler que le premier Cours ne contenant que les tableaux 1 à 42, les renvois aux tableaux 43 a 73 sont pour le deuxième Cours.

et écrivez les mots italiens et français qui indiquent les mouvements principaux, et placez à côté quelques-uns des mots qui annoncent des *mouvements intermédiaires* entre chacun de ces mouvements principaux (9—57).

4° Qu'est-ce qui distingue les *mesures simples*, les *mesures composées* et les *mesures dérivées* (55—134)?

5° Par quels chiffres ou par quelles lettres indique-t-on les *mesures simples* à quatre temps, à deux temps et à trois temps (55—135)?

Lorsqu'une mesure, *composée* ou *dérivée*, est indiquée par une fraction ou par un nombre fractionnaire, comme $\frac{2}{4}\ \frac{3}{4}\ \frac{1\ 2}{8}$, etc., que signifie chacun de ces chiffres (55—135)?

6° Énoncez les trois règles d'après lesquelles on peut reconnaître immédiatement à combien de temps il faut battre une mesure quelconque (55—155).

Faites l'application de ces trois règles aux mesures suivantes :

$$4\ 2\ 5\ \frac{2}{1}\ \frac{9}{4}\ \frac{1}{3}\ \frac{1}{3}\ \frac{6}{4}\ \frac{3}{8}\ \frac{1\,1}{3}\ \text{etc.}\ (55—155).$$

7° Quelle différence fractionnaire existe-t-il entre les six croches du $\frac{6}{8}$ et les six croches *triolets* du $\frac{2}{4}$ (59—157)?

8° Quelle différence rhythmique ou métrique y a-t-il entre les mesures dites à *temps bref C*, 2 et 5, ou leurs subdivisions, et les mesures dites à *temps longs :* $\frac{12}{8}\ \frac{6}{8}\ \frac{9}{8}$ (57—147)?

9° Prononcez, en mesure et sans musique écrite, des successions diatoniques de notes groupées symétriquement, comme serait la mesure suivante à 4 temps :

blanche,	noire,	noire,	(répétée trois fois en prononçant do, ré, mi, etc. (5—18) et
do	ré	mi	, a, etc. (6—24).

ou cette autre mesure :

Noire,	blanche,	croche,	croche	(également répétée trois fois (Tableaux impairs 13 à
do	ré	mi	fa	sol, etc. 21, pages 52, 60, 69, 77, 85 et 88).

N. B. Les exercices de cette espèce peuvent être fort variés, en formant chacune des mesures de diverses combinaisons des figures de notes ou de silences comme :

| Noire, blanche, noire | Blanche, noire et deux croches | Blanche avec emploi de la noire pointée | etc. soit à 2 temps (31—118), soit à 5 temps (55—126), avec ou sans triolets (59—186).

10° Faire la *lecture rhythmique* d'un fragment de musique offrant un mélange des diverses valeurs de notes et de silences analysées précédemment (Tabl. 26 à 41, pag. 97 à 164).

§ II.

Questions et Exercices sur L'INTONATION MUSICALE *et sur les parties de l'Enseignement élémentaire qui s'y rapportent.*

Analyse et intonation des intervalles élémentaires du chant.

1° Qu'est-ce qu'un *son* en général, et qu'est-ce qu'un *son musical* en particulier?

Dites les sept syllabes usitées pour nommer les sons musicaux ?—Qu'est-ce que *solfier, vocaliser* et *chanter?* — Qu'est-ce qu'un *intervalle* musical (1—2 et 5)?

Quels sont les deux intervalles élémentaires dont se composent tous les autres intervalles musicaux?—Combien la *gamme diatonique* comprend-elle de *tons* et de *demi-tons?* — Quelle est la position respective de ces tons et demi-tons (1—2 et 5)? — Quelle différence caractéristique existe-t-il entre la *gamme chromatique* et la gamme diatonique (1 et 25, pag. 5 et 90)?

2° Tracer une *portée*, dessiner les trois *clefs*, prouver la nécessité de ces trois clefs pour indiquer la position respective des diverses voix d'hommes, de femmes ou d'enfants, et pour déterminer le degré réel de l'élévation de ces voix dans l'échelle générale des sons musicaux ; en un mot, indiquer le *diapason* ou l'étendue naturelle de ces différentes voix (5A—6 et 7).

5° Nommez les *lignes* et les *interlignes* de la portée avec *clef de sol?* — Solfiez la gamme diatonique et l'accord parfait, en touchant les positions des notes, soit sur la portée, soit sur la *main droite*, dont les cinq doigts seront étendus et placés de manière à représenter les cinq lignes de la portée (5 B et 7 B. pag. 10 et 26).

4° Nommez successivement les intervalles de *seconde*, de *tierce*, etc., et dites quelles sont, sur la portée, les positions respectives de deux notes qui forment une *seconde*, une *tierce*, etc. (Tabl. Pairs, 8 à 22, pag. 55, 59, 46, 55, 61, 70, 78 et 86).

5° Qu'entend-on par *progression* en parlant d'intervalles musicaux (8-55)? — Solfier sur une portée sans notes, ou sur la main, tout ou partie d'une progression de *seconde*, de *tierce*, etc. (Tabl. Pairs, 8 à 27, pag. 55, 59, 46, 55, 61, 70, et 78). — Solfier, à vue ou de mémoire, une progression quelconque en mesure à 4 temps, avec valeurs symétriques de 2 blanches ou d'une blanche et de deux noires, etc., dans chaque mesure (Tabl. Pairs, 8 à 80, pag. 55, 59, 46, 55, 61, 70 et 78).

6° Quelle différence d'élévation y a-t-il entre le *majeur* et le *mineur* d'un même intervalle (25 B et 28, pag. 95 et 105)?

7° Nommez et écrivez en notes naturelles, ou en notes bémolisées ou diésées, deux sons qui forment une *seconde majeure*.—Citez un début de chant qui soit une seconde majeure, et, au moyen de ce type d'intervalle, entonnez la seconde majeure d'un son quelconque (25 B—95 à 95).

8° Nommez et écrivez en notes naturelles, bémolisées ou diésées, deux sons qui forment une *seconde mineure*.—Citez un début de chant qui soit une seconde mineure, et, au moyen de ce type d'intervalle, entonnez la seconde mineure d'un son quelconque (25 B—95 à 95).

9° Solfiez, à vue ou de mémoire, un chant ou un fragment de chant qui offre des successions de *secondes* (9—58. 25 B—95. 26 et 27—97 à 104).

10° Combien la *tierce majeure* comprend-elle de tons (28—105)?— Quelles sont les trois seules notes de la gamme dont la tierce est majeure (28—105)?—Nommez et écrivez deux notes qui forment une *tierce majeure*. —Citez un début de chant qui soit une tierce majeure, et, au moyen de ce type d'intervalle, entonnez la tierce majeure d'un son quelconque (28— 107 et 108).

11° Combien la *tierce mineure* comprend-elle de tons et de demi-tons? —Nommez et écrivez deux sons qui forment une tierce mineure.—Citez un début de chant qui soit une *tierce mineure*, et entonnez ensuite la tierce mineure d'un son quelconque (28—107 et 108).

12° Solfiez, à vue ou de mémoire, un chant ou un fragment de chant qui offre des successions de *tierces* (11—45. 28 et 29—106 à 111. 44 et 45—4 à 10).

Adresser des questions semblables sur les variétés de *quartes*, de *quintes*, de *sixtes*, de *septièmes*, et d'*octaves* (a).

Lecture courante musicale et exécution vocale.

13° Qu'est-ce que la *mélodie*, et qu'est-ce que l'*harmonie* (7 A — 27 et 28)?

14° Qu'appelle-t-on *choristes?*—Qu'est-ce qu'un *chef d'attaque?*— Quel est le chanteur que l'on nomme *coryphée* (7 A—28)?

15° Par quels mots et par quels signes indique-t-on, sur la copie ou sur la gravure, les principales nuances de goût et d'expression (4—16)?

16° Tracez et dites la signification de certains signes usuels de l'écriture

(Note a.) Voir les *parties vocales* des tableaux dont la CLASSE (ou la DIVISION dans les 2° et 3° — VIII°) est indiquée dans cette question par le nom de l'intervalle de *quarte*, ou de *quinte*, ou de *sixte*, ou de *septième*, ou d'*octave*.

musicale, tels que : *reprises, renvois, da capo, guidons, point d'arrêt*, et *point d'orgue* (8—54).

17° Qu'est-ce que *filer* un son? — Qu'entend-on par *attaquer* un son , et comment faut-il l'attaquer (4—17. 7 B—50)?

18° Par rapport au degré d'intensité à donner aux sons, quelle est la règle la plus générale de la bonne exécution vocale? — Quels sont les avis à donner relativement à la position de la tête, à l'ouverture de la bouche, à l'aspect de la face et au maintien de l'exécutant (7 B—51)?

19° En quoi la bonne *prononciation* consiste-t-elle?—Qu'est-ceque l'*articulation*, et comment doit-on articuler en raison du lieu où l'on chante (11—42)?

20° Qu'est-ce qu'une note *syncopée*, et comment reconnaît-on la syncope (26—98 et 49—22)?

21° Qu'est-ce que des notes *coulées?* Quelle est la règle d'exécution de ces notes? Donnez-en un exemple (27—101).

22° Qu'est-ce que le *détaché* ou *staccato ?* Quelles sont les deux manières dont le staccato est indiqué? Donnez un exemple de l'exécution propre à chacune de ces deux manières (27—101).

23° En quoi le port-de-voix ou *portamento* consiste-t-il, et quand peut-on le pratiquer? — Quelle différence d'exécution doit-on apporter entre le *portamento* ascendant et le *portamento* descendant? Est-il de bon goût d'employer sans réserve le port-de-voix (50—116)?

24° Qu'est-ce que l'*appoggiatura ?* Quelles sont les règles de son exécution? Donnez un exemple de son emploi dans le chant (58—151 et 25—58).

25° Quelle différence d'exécution faut-il observer entre la *petite note* employée pour le port de voix ou pour l'*appoggiatura* (58—152)?

<h2 style="text-align:center">§ III.</h2>

Questions et exercices sur la TONALITÉ *ou la constitution des tons et des modes de la musique, et sur les signes qui s'y rapportent.*

Dièse, Bémol, Bécarre.

1° Quel est, dans l'écriture musicale, l'effet des signes : *dièse, double-dièse, bémol, double-bémol* et *bécarre ?* — Tracez ces signes (25—91).

2° Qu'entend-on par notes *diésées, bémolisées* et *naturelles ?* — Dans le passage chromatique *ut, ut-dièse, ré,* l'*ut-*dièse est-il plus près du *ré* que de l'*ut ?* — Et dans le passage *ré, ré-bémol, ut,* le *ré-*bémol est-il plus près de l'*ut* que du *ré-*naturel (25 A — 91 et 67 A — 105)?

Tonique et Ton.—Dièses et Bémols constitutifs ou accidentels.—Transposition.

3° Quelle note appelle-t-on la *tonique* dans une gamme ou dans un chant composé avec les notes de cette gamme? —Pourquoi dit-on qu'un morceau de musique est en *ut*, en *fa*, en *ré* (24—175)?

4° Solfiez la gamme d'*ut* et dites un chant qui soit tiré de cette gamme. —Solfiez la gamme de *fa* et transposez ce même chant en fa (24—172).

5° Qu'est-ce que des *dièses* ou des *bémols constitutifs*, et où les place-t-on dans la musique écrite? — Qu'est-ce que *armer* une *clef* et comment les signes de l'*armure* agissent-ils sur les notes de la pièce de musique (24—175 à 175)?

6° Qu'est-ce que des dièses ou des bémols *accidentels*, et quel en est l'effet momentané (24—175 à 175)?

Ordre générateur des Dièses et des Bémols constitutifs.

7° Dans quel ordre *générateur* et différent les dièses et les bémols constitutifs se présentent-ils à la clef (24—175 à 175)?

8° Nommez les dièses constitutifs dans leur ordre générateur *fa ut sol*, etc. Nommez également les bémols constitutifs dans leur ordre générateur *si mi la*, etc. (24—173 à 175).

9° Ecrivez plusieurs gammes en les disposant perpendiculairement les unes sous les autres de manière à prouver la nécessité des dièses ou des bémols constitutifs pour qu'elles soient toutes identiques avec leur type général :

```
       1 ton      1        1/2       1           1        1        1/2
  ut————— ré————— mi—— fa————sol————la————si——ut (24—173 à 175).
  ou 1        2        3    4       5       6       7    8
```

Notes tonales et notes modales. Mode majeur et mode mineur. Variantes de la gamme en mode mineur.

10° Quelles sont, dans une gamme, les trois notes dites *tonales* et invariables parce qu'elles déterminent le *ton?* —Quelles sont les trois notes dites *modales* et variables parce qu'elles caractérisent le *mode* (25 A—176)?

11° Qu'est-ce qui caractérise le *mode majeur* ou *mineur* d'un ton quelconque (25 A—177)?

12° Écrivez la gamme ascendante et descendante en *mode mineur* et dites, au fur et à mesure, pourquoi telle note sera invariable et pourquoi telle autre sera variable. —Solfiez la gamme mineure en faisant entendre ses variantes, pour les notes 5, 6 et 7 (25 A—178).

13° En quoi consiste la *différence d'armure* du majeur au mineur d'un même ton (25 A — 179)?

14° Quand il n'y a qu'un dièse pour le mode majeur, qu'y a-t-il pour le mode mineur? — Quand il y a deux dièses au majeur, qu'y a-t-il au mineur, etc. (25 A — 179)?

15° Qu'est-ce que des *modes relatifs* et donnez plusieurs exemples de ces modes (25 B — 180)?

16° Quel est l'intervalle qui sépare les toniques de deux tons et modes *relatifs* (25 B — 180)?

Tons et modes déterminés par l'armure de la clef, et par la note finale de la mélodie ou de la basse d'accompagnement.

17° Le dernier dièse d'une gamme majeure étant la 7ᵉ note de cette gamme, quel est le *ton*, mode majeur, quand la clef est armée d'un dièse, de 2 dièses, de 5 dièses, etc. (25 B — 181 et 182)?

18° Le dernier bémol d'une gamme majeure étant la 4ᵉ note de cette gamme, ou ce qui est la même chose, la tonique étant l'avant-dernier bémol d'un *ton* qui a plus d'un bémol à la clef, quel est le *ton*, mode majeur, quand la clef est armée d'un bémol, de deux bémols, de trois bémols, etc. (26 B — 181 à 185)?

19° Les deux *tons* ou *modes relatifs* ayant la même armure, quelle est la note qui, dans les premières mesures, peut annoncer le *mode mineur* (25 B — 181 à 185)?

20° Tracez une portée; armez la clef d'un certain nombre de dièses ou de bémols, et dites dans quels cas le ton pourra être en *majeur* ou en *mineur* avec cette armure (25 B — 181 à 185)?

Différence d'armure entre le majeur et le mineur d'un même ton.

21° Quelle est la règle générale qui peut servir à faire connaître le *ton* et le *mode* d'un morceau de musique, d'après la *note finale* de la mélodie ou de la basse d'accompagnement (25 B — 181)?

Armure de la clef déterminée par le choix du ton et du mode.

22° Quels sont les *dièses* ou les *bémols constitutifs* en *ré* majeur, en *si* mineur, en *mi bémol* majeur, en *fa* mineur, etc. (25 B — 185)?

Tons et modes enharmoniques.

23° Qu'est-ce qu'une *transition enharmonique?* Nommez deux notes enharmoniques. Combien y a-t-il de dièses en *ut dièse* majeur, et combien de bémols dans le ton enharmonique, *ré bémol* majeur? Quel est le total des signes de l'armure de deux tons enharmoniques comme *ut dièse* et *ré bémol?* Donnez d'autres exemples du même total (25 B —184. et 67—105).

Tons et modes incertains.

24° Dans quel cas le *ton* et le *mode* d'une mélodie peuvent-ils être *incertains* (25 B —185, et 56—57)?

RÉSUMÉ DU PARAGRAPHE III.

25° Tout ce qui vient d'être demandé avec détail dans le § 5 peut être résumé par une série de questions qui s'enchaînent sur les faits de la tonalité, etc.

Quelle est l'armure en *ut majeur?*

R. Il n'y a pas d'armure; c'est-à-dire, qu'il n'y a ni dièse ni bémol à la clef.

Quelle est l'armure en *ut mineur?*

R. Trois bémols.

Quel est le *ton relatif* d'ut mineur?

R. Mi bémol majeur.

Combien y a-t-il de bémols de plus en *mi bémol mineur?*

R. Trois bémols de plus, total six.

Quel est le *ton enharmonique* de mi bémol mineur?

R. Ré dièse mineur.

Combien y a-t-il de dièses en *ré dièse mineur?*

R. Six dièses.

Pourquoi?

R. 1° Parce que *mi bémol* mineur ayant six bémols, et le total des signes de l'armure des *tons enharmoniques* étant douze, il ne peut y avoir que six dièses en *ré–dièse mineur,* enharmonique de *mi–bémol* mineur; 2° parce qu'en *ré-*naturel majeur, il y a deux dièses, plus sept dièses à ajouter quand la tonique est diésée; total *neuf dièses en ré–dièse majeur,* moins trois dièses pour passer du majeur au mineur : donc il reste *six dièses seulement pour le mode mineur de ré–dièse.*

Quelle est la tonique majeure *relative* de ré-dièse, mode mineur?

R. C'est *fa-dièse* avec armure de six dièses.

Quelle est l'*armure* en *fa-dièse* mineur?

R. Trois dièses seulement, puisqu'il faut retrancher trois dièses de l'armure du mode majeur.

Quel est le mode majeur qui n'a que trois dièses à la clef?

R. La majeur.

Quelle est l'armure en *la,* mode mineur?

R. Il n'y a pas d'armure.

Quel est le relatif mode majeur?

R. *Ut mode majeur,* TON d'où nous sommes partis.

§ IV.

ÉCRITURE MUSICALE.

Les questions et les exercices précédents sur le *rhythme,* l'*intonation* et la *tonalité* ayant dû obtenir des réponses satisfaisantes, l'examen complémentaire qui reste à faire sur l'ÉCRITURE MUSICALE peut se réduire à ce qui suit :

1° Faire copier et transposer dans tel ou tel TON trois ou quatre lignes de musique.

2° Déterminer les valeurs des notes et des silences de quelques mesures dictées sans intonations musicales.

3° Faire dire le nom des notes vocalisées en mesure : ce qui est une application du précédent examen sur l'intonation des intervalles.

4° Terminer par la dictée suivie d'un chant simple de quelques mesures.

§ V.

PLAIN-CHANT.

Questions spéciales sur le plain-chant *et sur les signes de la notation de ce chant.*

(1ᵉʳ *Cours,* appendice A et B, pages 190 à 200.)

1° Qu'est-ce que le *plain-chant ?*

De combien de lignes la portée du plain-chant est-elle formée?

2° Tracez les principales *figures de notes* du plain-chant, et faites connaître celles qui sont communes au plain-chant et à la musique.

3° Quels sont les autres signes communs à la musique et au plain-chant ?

4° Quelles sont les *deux clefs* dont on se sert dans le plain-chant, et tracez-les ?

5° Le *dièse* et le *bémol* sont-ils employés dans le plain-chant ?

---

(35) Voir, *premier cours,* appendice *A* et *B,* et complément du GUIDE de la Méthode, pag. 97.

6° De quelle manière le plain-chant doit-il être chanté?

7° Combien y a-t-il de *tons* ou *modes* dans le plain-chant?

8° Quelles sont les deux notes qui font distinguer le *ton* d'une pièce de plain-chant?

EXAMEN PRATIQUE.

Après avoir constaté la capacité des aspirants dans la partie théorique, on devra s'assurer qu'ils peuvent *déchiffrer* la musique et le plain-chant. A cet effet, on leur fera solfier à vue, à une voix ou en parties, des chants, des solféges ou des chœurs d'une difficulté moyenne, composés, autant que possible, séance tenante, par MM. les examinateurs, ou choisis dans des solféges ou recueils de musique peu connus. Pour le plain-chant, on puisera des exemples dans les *Antiphonaires*, les *Graduels* et autres livres d'*offices notés*.

SECONDE PARTIE [1].

EXAMEN DES ASPIRANTS AU BREVET DE CAPACITÉ DE L'INSTRUCTION PRIMAIRE SUPÉRIEURE.

EXAMEN THÉORIQUE ET EXERCICES D'APPLICATION.

Indépendamment des matières qui font l'objet de l'examen des aspirants au brevet de capacité pour l'instruction élémentaire, ceux des candidats qui désireront obtenir le brevet du degré supérieur seront tenus de satisfaire aux questions suivantes :

RHYTHME.

Énoncer toutes les valeurs fractionnaires de notes entre la ronde et la double croche par augmentation progressive d'une seule figure de note, comme une ronde ou deux blanches, ou trois blanches en triolets, ou quatre noires, ou cinq noires pour quatre temps, etc. (54 A — 45).

Donner des exemples du changement d'accentuation musicale, causé par le déplacement du *scandé* (68 B — 114).

Battre la mesure à cinq temps et la mesure à un temps, et lire quelques passages écrits avec ces mesures (61 — 75).

INTONATION.

En quoi les intervalles *simples* diffèrent-ils des intervalles *composés*

(1) Cette seconde partie de l'examen renvoie aux tableaux du 2ᵉ Cours,

ou *multiples* (70 A — 120)? Dressez une table des variétés d'un même intervalle, comme SECONDE *diminuée* ou *mineure*, ou *majeure*, ou *augmentée*, etc. (71 A — 127).

Dire la différence qu'il y a entre la syncope *régulière* et la syncope *brisée*, et donner des exemples (49—22).

TONALITÉ.

Quelle fraction de *ton* existe-t-il entre le *demi-ton chromatique ut ut* dièse et le *demi-ton diatonique ut*-dièse *ré* (67 A — 103)?

Donner quelques développements théoriques sur l'*ordre* générateur des *dièses et des bémols constitutifs* (*Études complém.* — 145).

Faire connaître l'*origine et la génération des sons de la gamme diatonique* (*Études complém.* — 148); continuer l'analyse des produits harmoniques des trois notes tonales de chaque *ton* mode majeur, et dévoiler ainsi l'*origine et la génération des sons de la gamme chromatique*, c'est-à-dire, de tous les sons qu'il est possible d'employer dans la composition musicale (*Études complém.* — 155).

Composer des gammes majeures par l'emploi des seules notes harmoniques de chacune des trois notes tonales I-IV-V. *Passer du majeur au mineur* de ces gammes en rendant mineures les tierces tonales (*Études complém.* — 147).

Donner des développements et des exemples sur les *tons et modes incertains*, sur les *tons et modes analogues*, sur les *modulations* ordinaires et extraordinaires (56 B — 57).

ANALYSE MÉLODIQUE DE LA PHRASE MUSICALE.

Sous le rapport de la forme mélodique, qu'entend-on en musique par *phrase* et *période* musicale? Quels sont les éléments constitutifs de la *phrase musicale?* Qu'est-ce que le *rhythme*, le *dessin*, la *symétrie*, la *répétition*, l'*imitation* et l'*incise* (64 A — 84)?

Qu'est-ce qui tient lieu de ponctuation dans la phrase musicale? Qu'entend-on par *prosodier* et *phraser* en chantant (64 B — 88.)?

EXAMEN PRATIQUE.

Voir, page 14, l'examen pratique affecté au *degré élémentaire*, auquel on ajoutera des solféges et des chants d'une exécution plus difficile.

TABLE DES MATIÈRES

DU PROGRAMME POUR LES EXAMENS.

PREMIÈRE PARTIE.

INSTRUCTION PRIMAIRE ÉLÉMENTAIRE.

EXAMEN THÉORIQUE ET EXERCICES D'APPLICATION.

PAGES.

§ Ier. RHYTHME, ou *mesure musicale* et ses divisions 216

§ II. INTONATION MUSICALE. — Analyse et intonations des intervalles élémentaires du chant. — Lecture courante musicale et exécution vocale. 218

§ III. TONALITÉ ou constitution des *tons* et *modes* de la musique.—Dièse, bémol, bécarre. — Tonique et ton. — Dièses et bémols constitutifs ou accidentels. Transposition. — Ordre générateur des dièses et des bémols constitutifs. — Notes tonales et notes modales. Mode majeur et mode mineur ; variantes de la gamme en mode mineur. — Différence d'armure entre le majeur et le mineur d'un même ton. — Tons et modes relatifs. — Tons et modes déterminés par l'armure de la clef et par la note finale.— Armure de la clef, déterminée par le choix du ton et du mode. — Tons et modes enharmoniques. — Tons et modes incertains. 220

RÉSUMÉ, ou exemple d'une série de questions qui s'enchaînent sur les faits de la *tonalité*. 223

§ IV. ÉCRITURE MUSICALE. 224

§ V. PLAIN-CHANT 224

EXAMEN PRATIQUE 225

SECONDE PARTIE.

INSTRUCTION PRIMAIRE SUPÉRIEURE.

Dans cette seconde partie du programme on exige des développements *théoriques* plus étendus sur les cinq paragraphes de la 1re partie, et on demande plus d'habileté musicale dans l'exécution des solféges et des chants de l'examen *pratique* 225

FIN DU TOME II ET DU IIe COURS DE LA MÉTHODE.

TABLEAU SYNOPTIQUE

DES ÉTUDES DE LA MÉTHODE B. WILHEM.

AVIS. — 1° En examinant cette table des matières, dans l'ordre numérique des tableaux 1 à 42 pour le 1ᵉʳ *cours*, et 43 à 73 pour le IIᵉ *cours*, on s'assurera de l'ordre progressif dans lequel les diverses difficultés d'*intonation* et de *rythme* sont présentées seules ou réunies, depuis les premiers éléments de la *lecture musicale* et du *chant élémentaire* jusqu'à l'entière solution des difficultés vocales et rythmiques.

2° En suivant horizontalement, de gauche à droite, les colonnes de cette table, on verra comment et combien les études d'une même nature y sont fractionnées, afin que, revenant par trois fois à ces études et rattachant, dans chaque espèce, des notions nouvelles aux notions déjà acquises, les élèves arrivent d'une manière logique et sûre à des résultats de plus en plus satisfaisants pour eux et pour les autres.

3° Enfin, si après cette vue générale de l'ouvrage on vient à en considérer les détails sur les tableaux mêmes, on jugera de la simplicité et de la popularité des moyens imaginés ou choisis par l'auteur; on appréciera peut-être les avantages et l'agrément du chant en *parties*, dès le début des études élémentaires; et l'on ne doutera pas des idées de morale et d'ordre qui ont déterminé le choix des paroles qui se chantent en *chœur*.

<table>
<tr><th rowspan="2">ÉTUDES
AFFECTÉES
A CHAQUE CLASSE.</th><th colspan="2">Ier COURS
A L'USAGE DES ÉCOLES PRIMAIRES ÉLÉMENTAIRES
ET DES COMMENÇANTS
DANS LES COLLÉGES, LES INSTITUTIONS DE L'UNIVERSITÉ, LES PENSIONNATS, ETC.
(42 tableaux en 50 feuilles.)</th><th>IIme COURS
DESTINÉ AUX ÉCOLES PRIMAIRES SUPÉRIEURES
ET AUX AUTRES ÉTABLISSEMENTS
POUR FAIRE SUITE AUX ÉTUDES DU Ier COURS.
(31 tableaux en 45 feuilles.)</th></tr>
<tr><th>A.
CLASSES ÉLÉMENTAIRES (I A VIII.)</th><th>B.
2e-VIIIe CLASSE.
(2e section de la VIIIe classe.)</th><th>C.
3e-VIIIe CLASSE.
(3e section de la VIIIe classe.)</th></tr>

<tr><td>PRÉPARATIONS
VOCALES
ET
RHYTHMIQUES.</td><td>1re CLASSE. — NOTIONS PRÉLIMINAIRES.
Tableaux.
1 Escalier vocal et signes manuels du ton et demi-ton. — Premières définitions du vocabulaire musical.
2 Figures des notes et des silences. — Lecture des signes de durée.
3 A. Grande portée de 11 lignes et petites portées de 5 lignes. — Diapason ou étendue des voix. — Les 3 clefs. B. Mains musicales, par B. W. — Noms des cinq doigts et des cinq lignes avec clef de sol.
4 1ers Exercices sur la mesure et 1re lecture rhythmique. — 1re Solmisation mesurée. Signes usuels.
5 Lecture rhythmique des figures de note ronde, blanche et noire. — Nom des interlignes. — Solmisation.
6 Lecture rhythmique des silences de ronde, blanche et noire. — Emploi de la blanche pointée. — Solmisation.
7 A. Solmisation de la gamme et de l'accord parfait avec des chiffres. — Suite du vocabulaire usuel. B. Classification de la méthode. — Sons attaqués.</td><td></td><td></td></tr>

<tr><td>INTERVALLE
DE
SECONDES
ET
ÉTUDES RHYTHMIQUES.</td><td>IIe CLASSE. — SECONDES.
8 1re Analyse de l'intervalle de seconde. — Préparation vocale sur la main. — Solmisation progressionnelle et mesurée des 2des. — Suite des signes usuels.
9 Suite de la solmisation progressionnelle. Table des mouvements principaux. — 1er Chant des secondes.

(Solmisation simultanée avec la VIe classe.)</td><td>DIVISION DES SECONDES.
Tableaux.
23 A. Escalier chromatique. — Dièse, bémol, bécarre. B. 2e Analyse et 2e solmisation de la seconde; types pour l'intonation de cet intervalle.
24 Modèles des gammes majeures. — Ordre des dièses et des bémols — Armures des clefs. (A faire étudier entre les tableaux 23 à 40.)
25 Mode mineur. — Différence de l'armure entre le mineur et le majeur. Modes relatifs. (Idem.)
26 Solféges en parties avec d'autres divisions de la 2e-VIIIe (3es et 4es). — 1re Étude des notes syncopées.
27 Notes coulées et notes détachées. — Solfège d'application (à 2 parties).</td><td>DIVISION DES SECONDES.
Tableaux.
13 3e Analyse et 3e solmisation de la seconde. — Parties d'accompagnement pour les autres divisions de la 3e-VIIIe (3es, 4es et 5es).</td></tr>

<tr><td>INTERVALLE
DE
TIERCE
ET
ÉTUDES RHYTHMIQUES.</td><td>IIIe CLASSE. — TIERCES.
10 1re Analyse de l'intervalle de tierce. — Préparation vocale sur la main. — Solmisation progressionnelle et mesurée des tierces.
11 Suite de la solmisation progressionnelle. — 1er Chant des tierces. — Table générale des notes et des silences de même durée.

(Solmisation simultanée avec la VIIe classe.)</td><td>DIVISION DES TIERCES.
28 2e Analyse et 2e solmisation de la tierce; types pour l'intonation de cet intervalle. — Chants de la division actuelle en parties avec elle-même, et avec une autre division de la 2e-VIIIe (4es).
29 Solféges et chants. (Idem, 2des, 4es et 5es).</td><td>DIVISION DES TIERCES.
44 3e Analyse et 3e solmisation de la tierce. — Chants et solféges de la division actuelle, en parties avec elle-même et avec d'autres divisions de la 3e-VIIIe (2des, 4es).
45 Chants et solféges en parties avec d'autres divisions de la 3e-VIIIe (2des, 4es, 5es, 6es, 8ves).</td></tr>

<tr><td>INTERVALLE
DE
QUARTES
ET
ÉTUDES RHYTHMIQUES.</td><td>IVe CLASSE. — QUARTES.
12 1re Analyse de l'intervalle de quarte. — Préparation vocale sur la main. — Solmisation progressionnelle et mesurée des quartes.
13 Suite de la solmisation progressionnelle. — 1er Chant des quartes. — 1re Lecture rhythmique des croches.

(Solmisation simultanée avec la VIe classe.)
Suivez colonne D.]</td><td>DIVISION DES QUARTES.
30 2e Analyse et 2e solmisation de la quarte; types pour l'intonation de cet intervalle. — Chant et solféges de la division actuelle, en partie avec elle-même et avec d'autres divisions de la 2e-VIIIe, (2des, 3es, 5es et 6es). Portamento ou port de voix.
31 Mesures à 2 temps. — Chants et solféges. (Idem, 3es et 5es).
[Suivez colonne E.]</td><td>DIVISION DES QUARTES.
46 3e Analyse et 3e solmisation de la quarte. — Chants et solféges de la division actuelle, en parties avec elle-même et avec d'autres divisions de la 3e-VIIIe (2des, 3es, 5es et 6es).
47 Solféges en parties avec d'autres divisions de la 3e-VIIIe (2des, 3es et 5es).
48 Solféges à plusieurs parties.
(Suivez colonne F.]</td></tr>
</table>

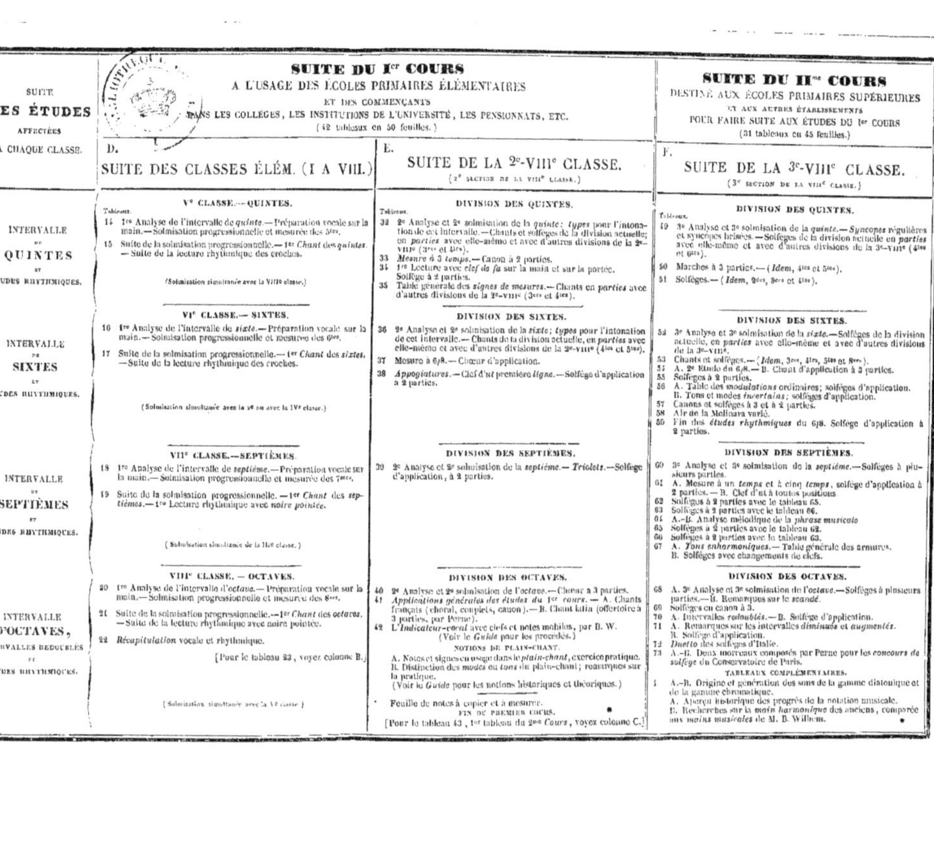

<table>
<tr>
<th>SUITE
DES ÉTUDES
AFFECTÉES
A CHAQUE CLASSE.</th>
<th>D.
SUITE DU Ier COURS
A L'USAGE DES ÉCOLES PRIMAIRES ÉLÉMENTAIRES
ET DES COMMENÇANTS
DANS LES COLLÉGES, LES INSTITUTIONS DE L'UNIVERSITÉ, LES PENSIONNATS, ETC.
(42 tableaux en 50 feuilles.)

SUITE DES CLASSES ÉLÉM. (I A VIII.)</th>
<th>E.
SUITE DE LA 2e-VIIIe CLASSE.
(2e SECTION DE LA VIIIe CLASSE.)</th>
<th>F.
SUITE DU IIme COURS
DESTINÉ AUX ÉCOLES PRIMAIRES SUPÉRIEURES
ET AUX AUTRES ÉTABLISSEMENTS
POUR FAIRE SUITE AUX ÉTUDES DU Ier COURS
(31 tableaux en 45 feuilles.)

SUITE DE LA 3e-VIIIe CLASSE.
(3e SECTION DE LA VIIIe CLASSE.)</th>
</tr>
<tr>
<td>INTERVALLE DE QUINTES ET ÉTUDES RHYTHMIQUES.</td>
<td>Ve CLASSE.—QUINTES.
14 1re Analyse de l'intervalle de quinte.—Préparation vocale sur la main.—Solmisation progressionnelle et mesurée des 5tes.
15 Suite de la solmisation progressionnelle.—1er Chant des quintes.—Suite de la lecture rythmique des croches.
(Solmisation simultanée avec la VIIIe classe.)</td>
<td>DIVISION DES QUINTES.
32 2e Analyse et 2e solmisation de la quinte; types pour l'intonation de cet intervalle.—Chants et solféges de la division actuelle; en parties avec elle-même et avec d'autres divisions de la 2e-VIIIe (3res et 4tes).
33 Mesure à 3 temps.—Canon à 2 parties.
34 1re Lecture avec clef de fa sur la main et sur la portée. Solfége à 2 parties.
35 Table générale des signes de mesures.—Chants en parties avec d'autres divisions de la 2e-VIIIe (3tes et 4tes).</td>
<td>DIVISION DES QUINTES.
49 3e Analyse et 3e solmisation de la quinte.—Syncopes régulières et syncopes brisées.—Solféges de la division actuelle en parties avec elle-même et avec d'autres divisions de la 3e-VIIIe (4tes et 6tes).
50 Marches à 3 parties.—(Idem, 4tes et 5tes).
51 Solféges.—(Idem, 2des, 3res et 4tes).</td>
</tr>
<tr>
<td>INTERVALLE DE SIXTES ET ÉTUDES RHYTHMIQUES.</td>
<td>VIe CLASSE.—SIXTES.
16 1re Analyse de l'intervalle de sixte.—Préparation vocale sur la main.—Solmisation progressionnelle et mesurée des 6tes.
17 Suite de la solmisation progressionnelle.—1er Chant des sixtes.—Suite de la lecture rythmique des croches.
(Solmisation simultanée avec la Ve ou avec la IVe classe.)</td>
<td>DIVISION DES SIXTES.
36 2e Analyse et 2e solmisation de la sixte; types pour l'intonation de cet intervalle.—Chants de la division actuelle, en parties avec elle-même et avec d'autres divisions de la 2e-VIIIe (4tes et 5tes).
37 Mesure à 6/8.—Chœur d'application.
38 Appogiatures.—Clef d'ut première ligne.—Solfége d'application à 2 parties.</td>
<td>DIVISION DES SIXTES.
52 3e Analyse et 3e solmisation de la sixte.—Solféges de la division actuelle, en parties avec elle-même et avec d'autres divisions de la 3e-VIIIe.
53 Chants et solféges.—(Idem, 3res, 4tes, 5tes et 8ves).
54 A. 2e Étude du 6/8.—B. Chant d'application à 3 parties.
55 Solféges à 2 parties.
56 A. Table des modulations ordinaires; solféges d'application. B. Tons et modes incertains; solféges d'application.
57 Canons et solféges à 3 et à 2 parties.
58 Air de la Molinara varié.
59 Fin des études rhythmiques du 6/8. Solfége d'application à 2 parties.</td>
</tr>
<tr>
<td>INTERVALLE DE SEPTIÈMES ET ÉTUDES RHYTHMIQUES.</td>
<td>VIIe CLASSE.—SEPTIÈMES.
18 1re Analyse de l'intervalle de septième.—Préparation vocale sur la main.—Solmisation progressionnelle et mesurée des 7mes.
19 Suite de la solmisation progressionnelle.—1er Chant des septièmes.—1re Lecture rythmique avec noire pointée.
(Solmisation simultanée de la IIIe classe.)</td>
<td>DIVISION DES SEPTIÈMES.
39 2e Analyse et 2e solmisation de la septième.—Triolets.—Solfége d'application, à 2 parties.</td>
<td>DIVISION DES SEPTIÈMES.
60 3e Analyse et 3e solmisation de la septième.—Solféges à plusieurs parties.
61 A. Mesure à un temps et à cinq temps, solfége d'application à 2 parties.—B. Clef d'ut à toutes positions.
62 Solféges à 2 parties avec le tableau 65.
63 Solféges à 2 parties avec le tableau 66.
64 A.-B. Analyse mélodique de la phrase musicale.
65 Solféges à 2 parties avec le tableau 62.
66 Solféges à 2 parties avec le tableau 63.
67 A. Tons enharmoniques.—Table générale des armures. B. Solféges avec changements de clefs.</td>
</tr>
<tr>
<td>INTERVALLE D'OCTAVES, INTERVALLES REDOUBLÉS ET ÉTUDES RHYTHMIQUES.</td>
<td>VIIIe CLASSE.—OCTAVES.
20 1re Analyse de l'intervalle d'octave.—Préparation vocale sur la main.—Solmisation progressionnelle et mesurée des 8ves.
21 Suite de la solmisation progressionnelle.—1er Chant des octaves.—Suite de la lecture rythmique avec noire pointée.
22 Récapitulation vocale et rythmique.
[Pour le tableau 23, voyez colonne B.]
(Solmisation simultanée avec la Ve classe.)</td>
<td>DIVISION DES OCTAVES.
40 2e Analyse et 2e solmisation de l'octave.—Chœur à 3 parties.
41 Applications générales des études du 1er cours.—A. Chants français (choral, complets, canon).—B. Chant latin (offertoire à 3 parties, par Perne).
42 L'Indicateur-coral avec clefs et notes mobiles, par B. W. (Voir le Guide pour les procédés.)

NOTIONS DE PLAIN-CHANT.
A. Notes et signes en usage dans le plain-chant, exercice pratique. B. Distinction des modes ou tons du plain-chant; remarques sur la pratique.
(Voir le Guide pour les notions historiques et théoriques.)

Feuille de notes à copier et à mesurer.
FIN DU PREMIER COURS.
[Pour le tableau 43, 1er tableau du 2me Cours, voyez colonne C.]</td>
<td>DIVISION DES OCTAVES.
68 A. 3e Analyse et 3e solmisation de l'octave.—Solféges à plusieurs parties.—B. Remarques sur le scandé.
69 Solféges en canon à 3.
70 A. Intervalles redoublés.—B. Solfége d'application.
71 A. Remarques sur les intervalles diminués et augmentés. B. Solfége d'application.
72 Duetto des solféges d'Italie.
73 A.-B. Deux morceaux composés par Perne pour les concours de solfége du Conservatoire de Paris.

TABLEAUX COMPLÉMENTAIRES.
1 A.-B. Origine et génération des sons de la gamme diatonique et de la gamme chromatique. A. Aperçu historique des progrès de la notation musicale. B. Recherches sur la main harmonique des anciens, comparée aux mains musicales de M. B. Wilhem.</td>
</tr>
</table>